COR EN FA VOL. 1

ESSENTIAL ELEMENTS
FOR BAND

MÉTHODE COMPLÈTE POUR ORCHESTRES ET HARMONIES SCOLAIRES

TIM LAUTZENHEISER **JOHN HIGGINS** **CHARLES MENGHINI**
PAUL LAVENDER **TOM C. RHODES** **DON BIERSCHENK**

Faire de la **MUSIQUE** c'est… **M**ettre chacun au centre d'une aventure artistique unique.
Utiliser les talents individuels pour la réussite d'un projet collectif.
Savoir écouter, respecter, partager et communiquer avec les autres.
Inventer de nouvelles couleurs pour créer un monde harmonieux,
Qui développe la créativité et renforce la confiance en soi.
Utiliser un espace de plaisir centré sur un langage universel.
Enrichir le quotidien dans tous les domaines de la vie.

LA MUSIQUE : un élément essentiel de la vie !

Le cor moderne résulte de l'évolution du cor de chasse du XVIe siècle. Jusqu'au XIXe siècle, cet instrument était dépourvu de pistons – pour pouvoir jouer dans toutes les tonalités, on avait recours à l'utilisation de petits tubes additionnels amovibles ou « tons de rechange » qui permettaient d'allonger ou de raccourcir la longueur du tube.

Constitué par un tube enroulé d'une longueur de près de quatre mètres, le cor fut perfectionné en 1818 par des facteurs allemands, Stölzel et Blühmel, qui appliquèrent des pistons à l'instrument, éliminant ainsi les tubes additionnels. Les pistons rotatifs, introduits en 1853, se trouvent couramment sur les cors modernes. Le cor « simple » en Fa est doté de trois pistons, tandis que le cor « double », en Fa-Si♭, possède également une palette de pouce.

Le cor a une vaste étendue. D'un son doux mais intense, il est utilisé surtout comme instrument d'harmonie ou de soutien rythmique, mais aussi dans des passages mélodiques et même de virtuosité.

On trouve le cor dans des oeuvres de Mozart, Beethoven, Mahler, Richard Strauss et Wagner, parmi tant d'autres. Dennis Brain, Barry Tuckwell, Philip Farkas et Herman Baumann sont des cornistes célèbres.

Code d'activation pour l'etudiant
E1FH-FR04-7402-1140

ISBN 978-90-431-2364-8

Copyright © 2004 by HAL LEONARD CORPORATION
International Copyright Secured   All Rights Reserved

ÉLÉMENTS DE BASE

Posture
Asseyez-vous sur le bord de votre siège et conservez toujours :
- Le dos bien droit
- Les épaules décontractées
- Les pieds à plat sur le sol

Respiration et souffle
La respiration est un acte naturel et constant. Bien respirer est essentiel pour produire un son ample et rond. Pour contrôler la respiration, effectuez l'exercice suivant :

- Placez la paume de votre main en face de votre bouche.
- Inspirez profondément, sans soulever les épaules. Votre ventre se gonfle comme un ballon.
- Murmurez doucement « tu... » en expirant l'air progressivement dans votre paume.

Le souffle forme une colonne d'air qui produit des sons lorsqu'elle traverse l'instrument. La langue agit comme une valve ou une soupape qui laisse passer l'air.

Produire un son
Le son est produit par la vibration des lèvres sous l'effet de l'air expulsé. L'embouchement est la position des lèvres sur l'embouchure de l'instrument. Comme il faut du temps et des efforts pour obtenir un bon embouchement, suivez attentivement les étapes suivantes :

LE BUZZ (VIBRATIONS DES LÈVRES)
- Tenez la queue de l'embouchure entre le pouce et l'index. Rassemblez les lèvres comme pour dire la lettre « m ». Centrez l'embouchure sur vos lèvres. En gardant cette position, laissez l'air filtrer de vos lèvres. Assurez un bon contact entre les lèvres pour obtenir une mise en vibration. Cela est encore plus facile si vous serrez les commissures des lèvres. Le son ainsi produit correspond au bourdonnement de la mouche. C'est ce qu'on appelle le 'buzzing'. Ne gonflez pas les joues lorsque vous soufflez.

ÉMISSION DE NOTE
- Formez l'embouchement décrit ci-dessus. Pour obtenir une émission de note nette et précise, prononcez la syllabe "Tu" avec le bout de la langue. Veillez à souffler régulièrement et de façon continue. Concentrez-vous le son.

Entretien de l'instrument

Lorsque vous avez fini de jouer, avant de ranger l'instrument dans son étui :

- Retirez l'embouchure. Une fois par semaine, lavez-la à l'eau tiède. Séchez-la bien.

- Ouvrez la clé d'eau pour évacuer la condensation à l'intérieur de l'instrument. Soufflez dans celui-ci. Si votre cor n'est pas pourvu d'une clé d'eau, inversez-le et secouez-le. Vous pouvez enlever la coulisse d'accord principale avant d'inverser l'instrument.

- Essuyez l'instrument avec un chiffon doux et propre. Rangez-le dans son étui.

Les pistons et les coulisses doivent être lubrifiés régulièrement, les premiers avec de l'huile à pistons, les secondes avec de la graisse à coulisses. Au besoin, votre professeur vous montrera comment lubrifier votre instrument.

EXERCICE D'EMBOUCHURE
Tenez la queue de l'embouchure entre le pouce et l'index. Embouchez puis inspirez profondément sans lever les épaules. Murmurez « tu » et expirez progressivement l'air de vos poumons. Efforcez-vous de produire un son uniforme.

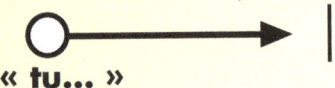 PAUSE  PAUSE

Prise en main

Étape 1 Prenez le cor de la main gauche et posez le pavillon de l'instrument sur votre cuisse droite. Le pavillon doit être tourné vers l'arrière, légèrement vers la droite.

Étape 2 Insérez délicatement l'embouchure dans le boisseau d'embouchure.

Étape 3 Passez le petit doigt gauche dans le crochet. Les doigts (index, majeur, annulaire) viennent se poser naturellement sur les palettes. Si vous possédez un cor double, placez votre pouce sur la palette de pouce.

Étape 4 Courbez très légèrement la main droite sans écarter les doigts, comme le montre le dessin. Glissez la main dans le pavillon. Le dos des doigts doit toucher l'intérieur du pavillon.

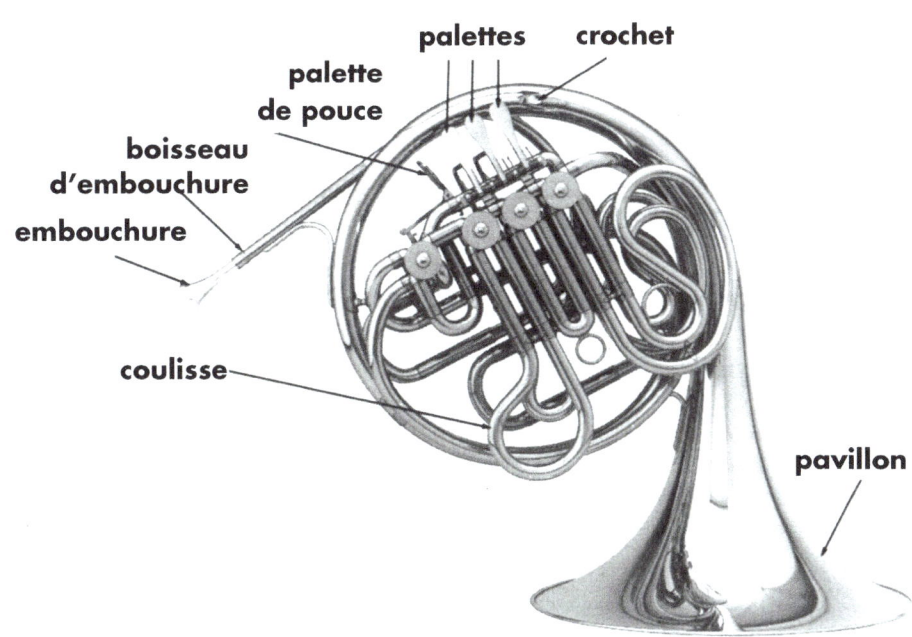

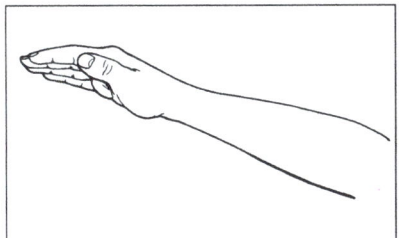

Étape 5 Veillez à garder le dos bien droit. Tenez l'instrument comme sur le dessin.

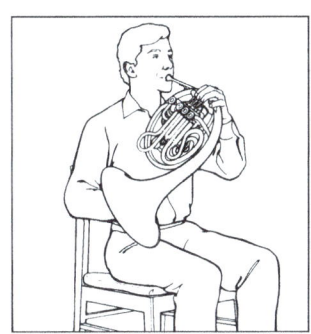

Doigtés pour le cor simple et pour le cor double

Le doigté indiqué dans les exercices de ce livre s'applique à la fois au cor simple en Fa et au cor double en Fa-Si♭. Si vous possédez un **cor simple en Fa**, suivez toujours le doigté indiqué pour celui-ci.

Si vous possédez **un cor double**, les notes jouées en Fa sont présentées avec le doigté pour le cor en Fa. Pour les notes que l'on peut également jouer en Si♭ (palette de pouce), le doigté correspondant est indiqué en plus de celui pour le cor en Fa. Les élèves jouant du cor double doivent utiliser la palette de pouce et le doigté en Si♭ aux endroits indiqués.

Les élèves qui jouent du **cor simple en Si♭** doivent se rapporter au tableau de doigté figurant à la fin de ce manuel.

SOLFÈGE

Identifiez et dessinez chacun de ces signes

Portée

Lignes supplémentaires

Mesures et barres de mesure

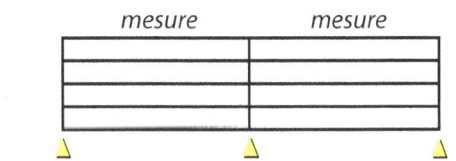

La **portée** se compose de 5 lignes et 4 interlignes où l'on écrit les notes et les silences.

Les **lignes supplémentaires** sont ajoutées au-dessous ou au-dessus de la portée pour écrire les notes qui se trouvent en dehors de celle-ci.

Les **barres de mesure** divisent la musique en **mesures**.

page 4 A – Cor seulement

Note longue

Pour commencer, nous prendrons une note en valeur longue. Tenez la note jusqu'à ce que le professeur vous dise d'arrêter. Travaillez les notes soutenues tous les jours pour améliorer votre son.

1. LA PREMIÈRE NOTE
Tenez chaque note longue (sans mesure) jusqu'à ce que le professeur vous dise d'arrêter. [CD 1/1]

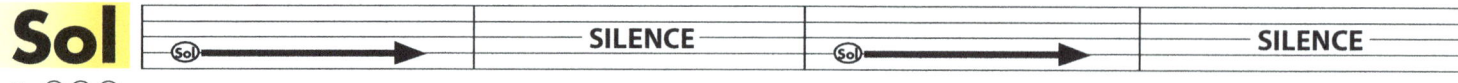

Cor en Fa : ○ ○ ○
        1 2 3

Le Sol est joué à vide (sans palettes). Laissez vos doigts sur les palettes, recourbés de façon naturelle.

Les temps

Les **temps** marquent le rythme de la musique. Comme les battements du cœur, ils doivent être très réguliers. Pour cela, il est utile de compter à haute voix ou de taper du pied. Abaissez le pied sur chaque chiffre et relevez-le sur chaque « et » (&).

Un temps ou battement =   1   &
                                         ↓   ↑

Notes et silences

Les **notes** s'écrivent sur les lignes et dans les interlignes de la portée. Plus la note est placée sur les lignes ou dans les interlignes supérieures de la portée, plus elle est aiguë. Les figures (formes) de notes indiquent la durée des sons. À chaque figure de note correspond une figure de silence de même durée. Les **silences** indiquent le nombre de temps silencieux.

♩   **Noire**   =   **1 temps**

𝄽   **Soupir**   =   **1 temps de silence**

2. COMPTEZ ET JOUEZ
Une courte indication de pulsation (quatre clicks) précède le début du morceau. [CD 1/2]

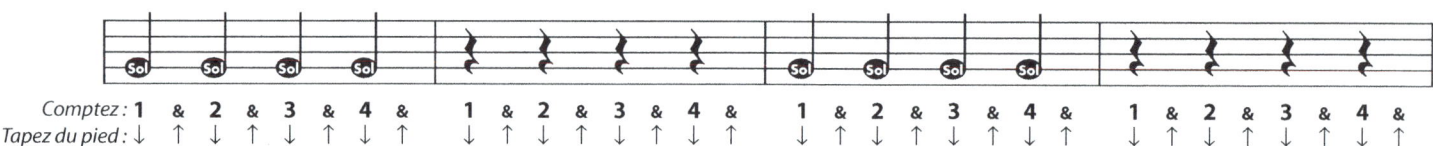

Comptez : 1 & 2 & 3 & 4 &   1 & 2 & 3 & 4 &   1 & 2 & 3 & 4 &   1 & 2 & 3 & 4 &
Tapez du pied : ↓ ↑ ↓ ↑ ↓ ↑ ↓ ↑   ↓ ↑ ↓ ↑ ↓ ↑ ↓ ↑   ↓ ↑ ↓ ↑ ↓ ↑ ↓ ↑   ↓ ↑ ↓ ↑ ↓ ↑ ↓ ↑

3. UNE NOUVELLE NOTE [CD 1/3]
Vérifiez le doigté.

Cor en Fa : ● ○ ○

Le rond noir indique que la première palette est abaissée.

4. UNE BONNE ÉQUIPE [CD 1/4]

Comptez et tapez du pied : 1 & 2 & 3 & 4 &   1 & 2 & 3 & 4 &   1 & 2 & 3 & 4 &   1 & 2 & 3 & 4 &

5. LE CHEMIN D'EN BAS [CD 1/5]
Travaillez toutes les nouvelles notes sur des valeurs longues.

Cor en Fa : ○ ○ ○

6. LA MONTÉE [CD 1/6]

Comptez et tapez du pied : 1 & 2 & 3 & 4 &   1 & 2 & 3 & 4 &   1 & 2 & 3 & 4 &   1 & 2 & 3 & 4 &

page 4 B – Classe d'orchestre

Note longue ○━━━━▶ Pour commencer, nous prendrons une note en valeur longue. Tenez la note jusqu'à ce que le professeur vous dise d'arrêter. Travaillez les notes soutenues tous les jours pour améliorer votre son.

1. LA PREMIÈRE NOTE
Tenez chaque note longue (sans mesure) jusqu'à ce que le professeur vous dise d'arrêter. CD 1/1

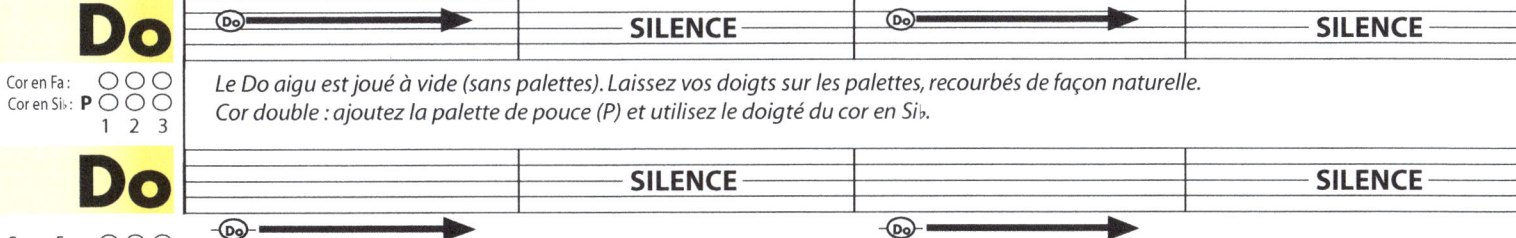

Cor en Fa : ○○○
Cor en Si♭ : P ○○○
           1 2 3

*Le Do aigu est joué à vide (sans palettes). Laissez vos doigts sur les palettes, recourbés de façon naturelle.
Cor double : ajoutez la palette de pouce (P) et utilisez le doigté du cor en Si♭.*

Cor en Fa : ○○○
           1 2 3

Le Do grave est joué à vide (sans palettes). Laissez vos doigts sur les palettes, recourbés de façon naturelle.

Les temps
Les **temps** marquent le rythme de la musique. Comme les battements du cœur, ils doivent être très réguliers. Pour cela, il est utile de compter à haute voix ou de taper du pied. Abaissez le pied sur chaque chiffre et relevez-le sur chaque « et » (&).

Un temps ou battement = **1**   &
                        ↓   ↑

Notes et silences
Les **notes** s'écrivent sur les lignes et dans les interlignes de la portée. Plus la note est placée sur les lignes ou dans les interlignes supérieures de la portée, plus elle est aiguë. Les figures (formes) de notes indiquent la durée des sons. À chaque figure de note correspond une figure de silence de même durée. Les **silences** indiquent le nombre de temps silencieux.

♩ **Noire** = 1 temps
𝄽 **Soupir** = 1 temps de silence

2. COMPTEZ ET JOUEZ
Une courte indication de pulsation (quatre clicks) précède le début du morceau. CD 1/2

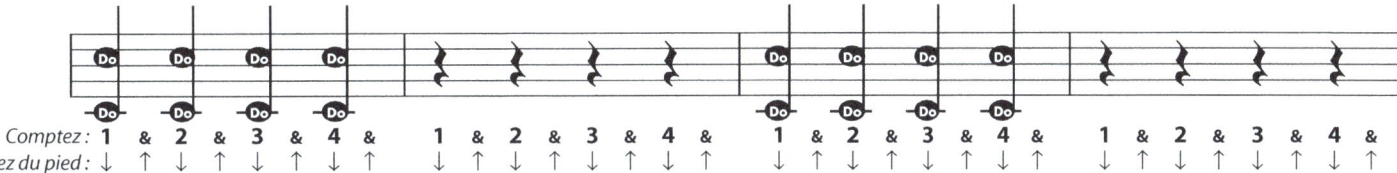

Comptez :   1 & 2 & 3 & 4 &   1 & 2 & 3 & 4 &   1 & 2 & 3 & 4 &   1 & 2 & 3 & 4 &
Tapez du pied : ↓ ↑ ↓ ↑ ↓ ↑ ↓ ↑   ↓ ↑ ↓ ↑ ↓ ↑ ↓ ↑   ↓ ↑ ↓ ↑ ↓ ↑ ↓ ↑   ↓ ↑ ↓ ↑ ↓ ↑ ↓ ↑

3. UNE NOUVELLE NOTE
Vérifiez le doigté. CD 1/3

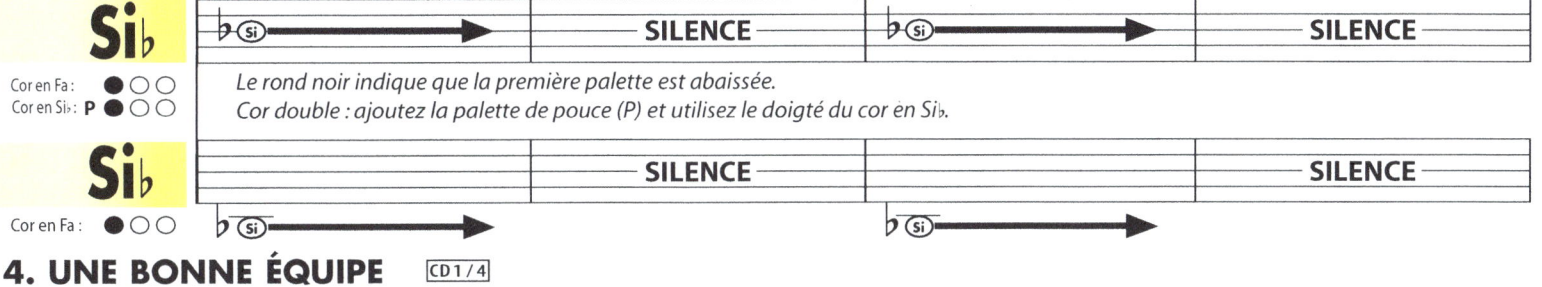

Cor en Fa : ●○○
Cor en Si♭ : P ●○○

*Le rond noir indique que la première palette est abaissée.
Cor double : ajoutez la palette de pouce (P) et utilisez le doigté du cor en Si♭.*

Cor en Fa : ●○○

4. UNE BONNE ÉQUIPE CD 1/4

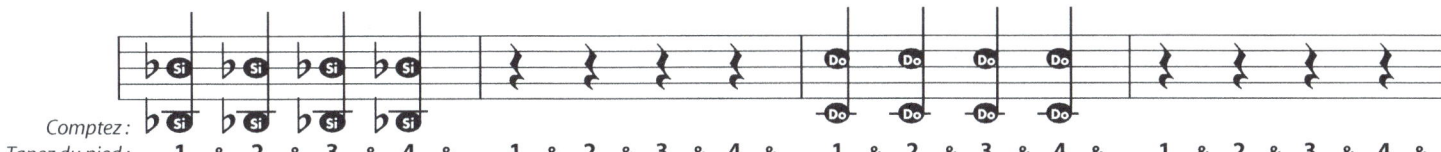

Comptez :
Tapez du pied : 1 & 2 & 3 & 4 &   1 & 2 & 3 & 4 &   1 & 2 & 3 & 4 &   1 & 2 & 3 & 4 &

5. LE CHEMIN D'EN BAS
Travaillez toutes les nouvelles notes sur des valeurs longues. CD 1/5

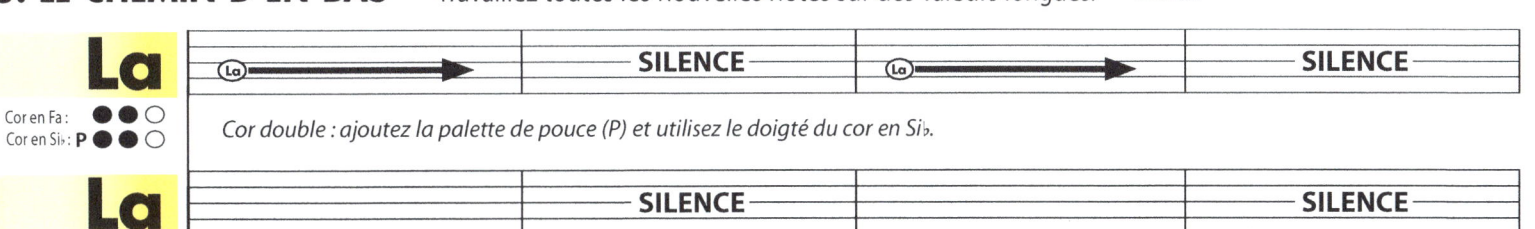

Cor en Fa : ●●○
Cor en Si♭ : P ●●○

Cor double : ajoutez la palette de pouce (P) et utilisez le doigté du cor en Si♭.

Cor en Fa : ●●○

6. LA MONTÉE CD 1/6

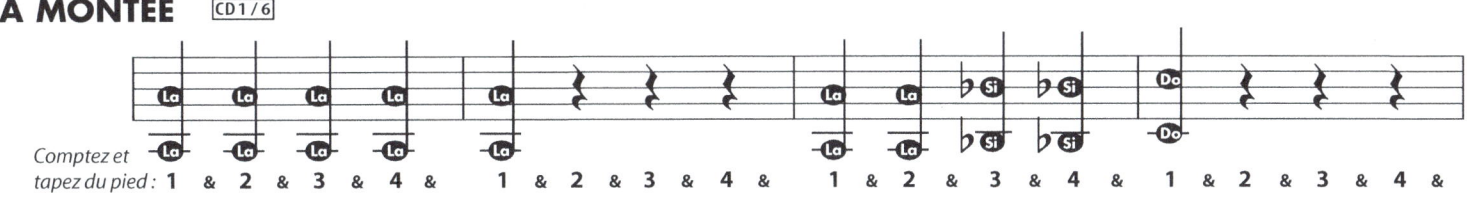

Comptez et
tapez du pied : 1 & 2 & 3 & 4 &   1 & 2 & 3 & 4 &   1 & 2 & 3 & 4 &   1 & 2 & 3 & 4 &

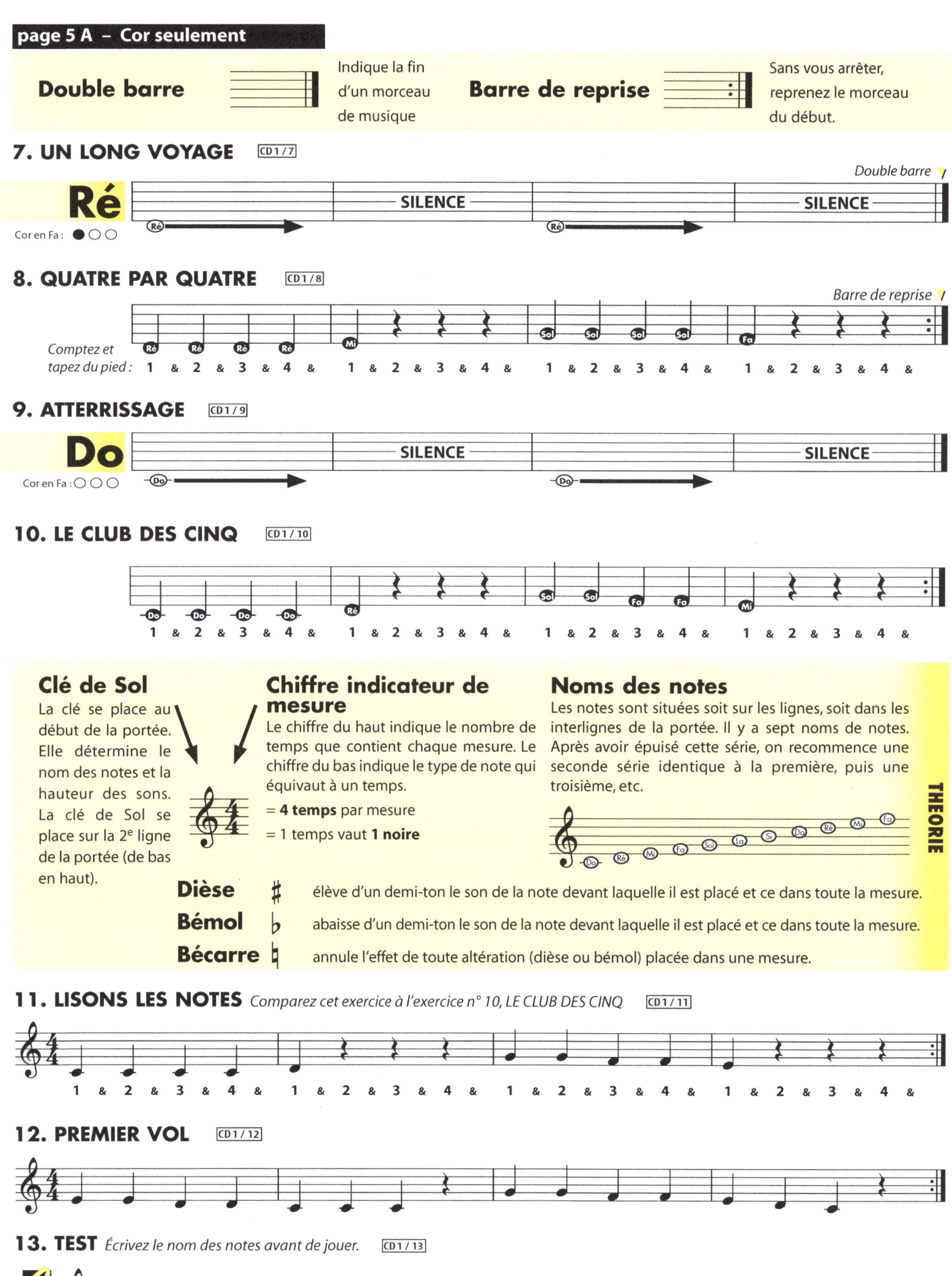

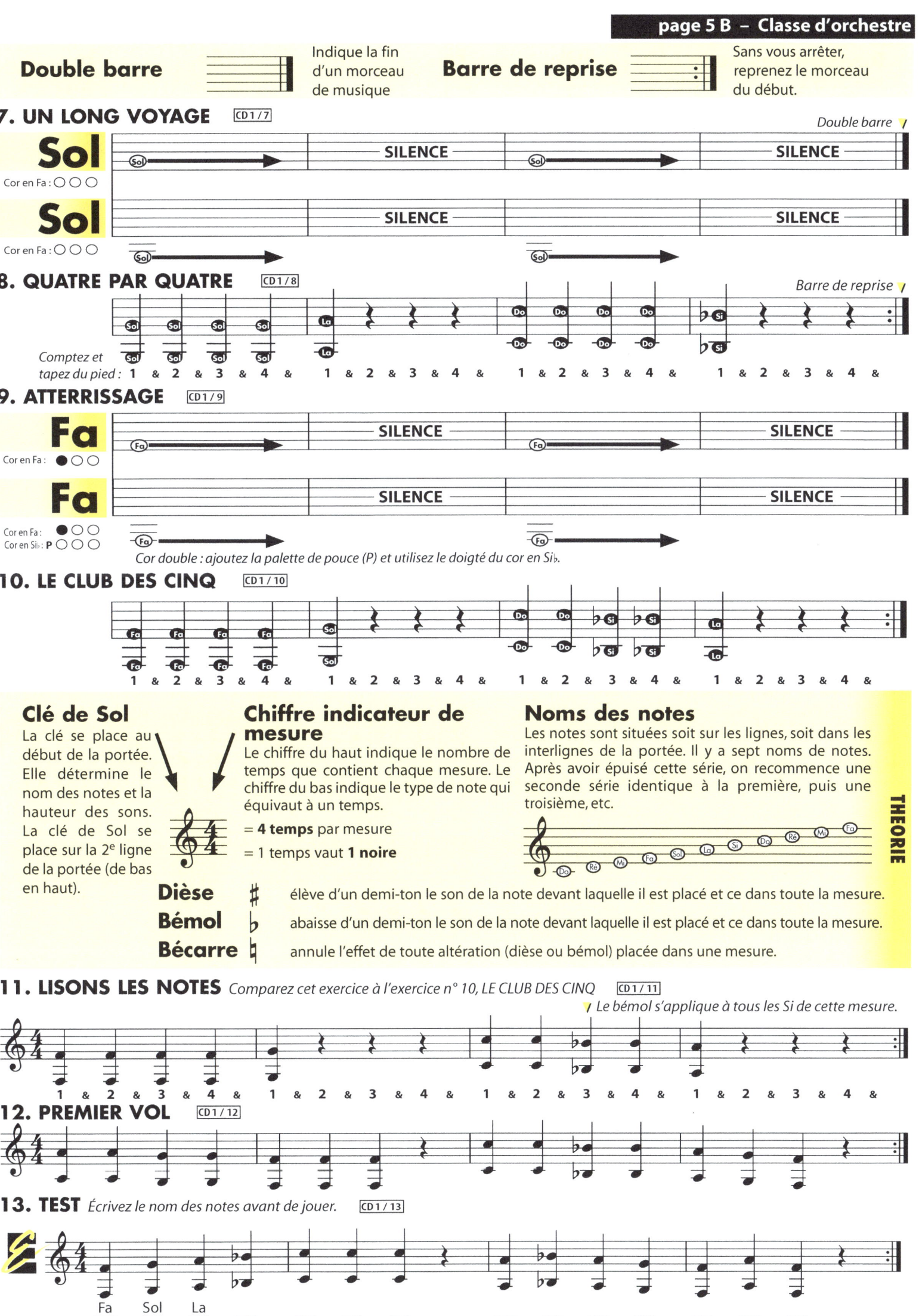

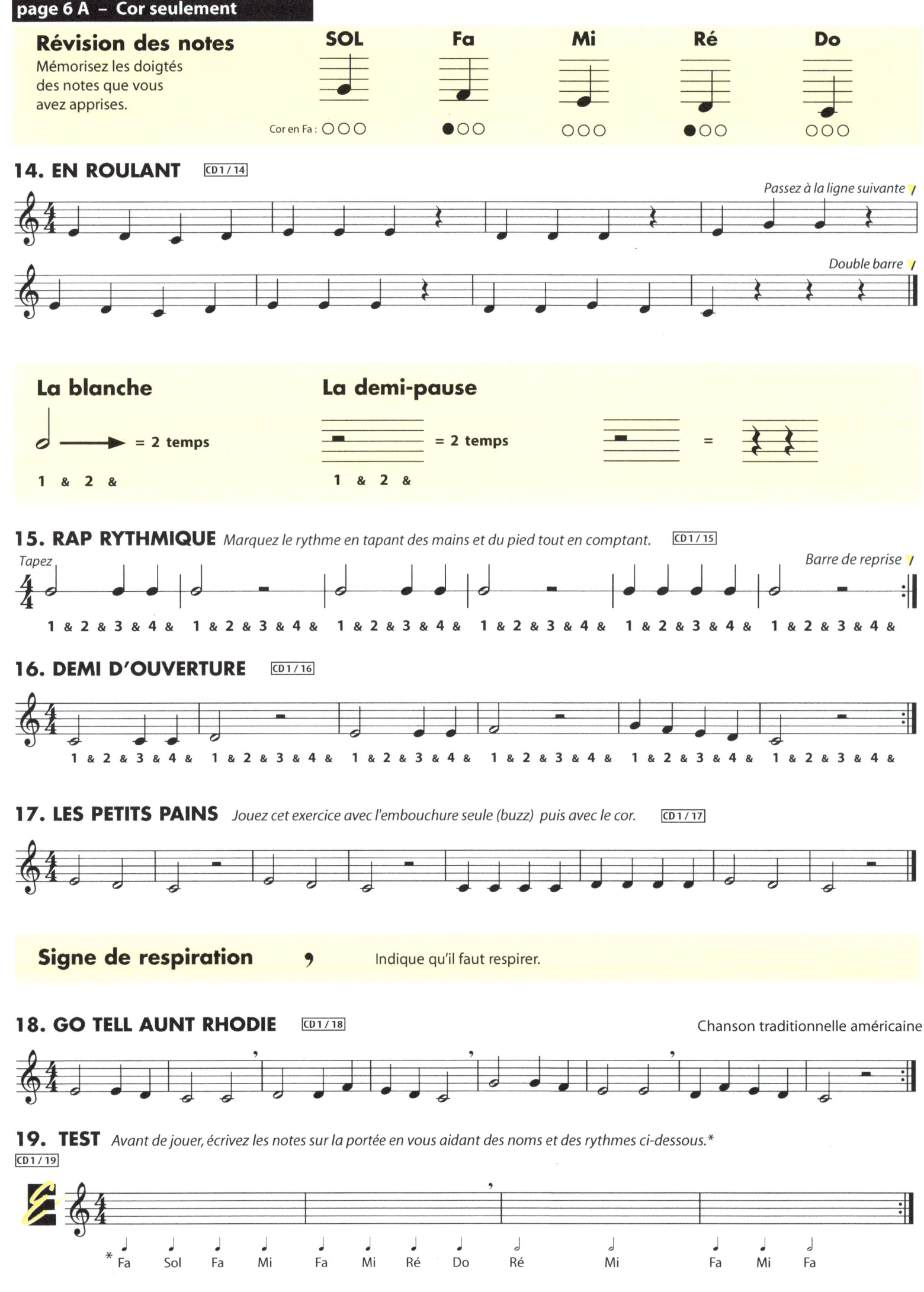

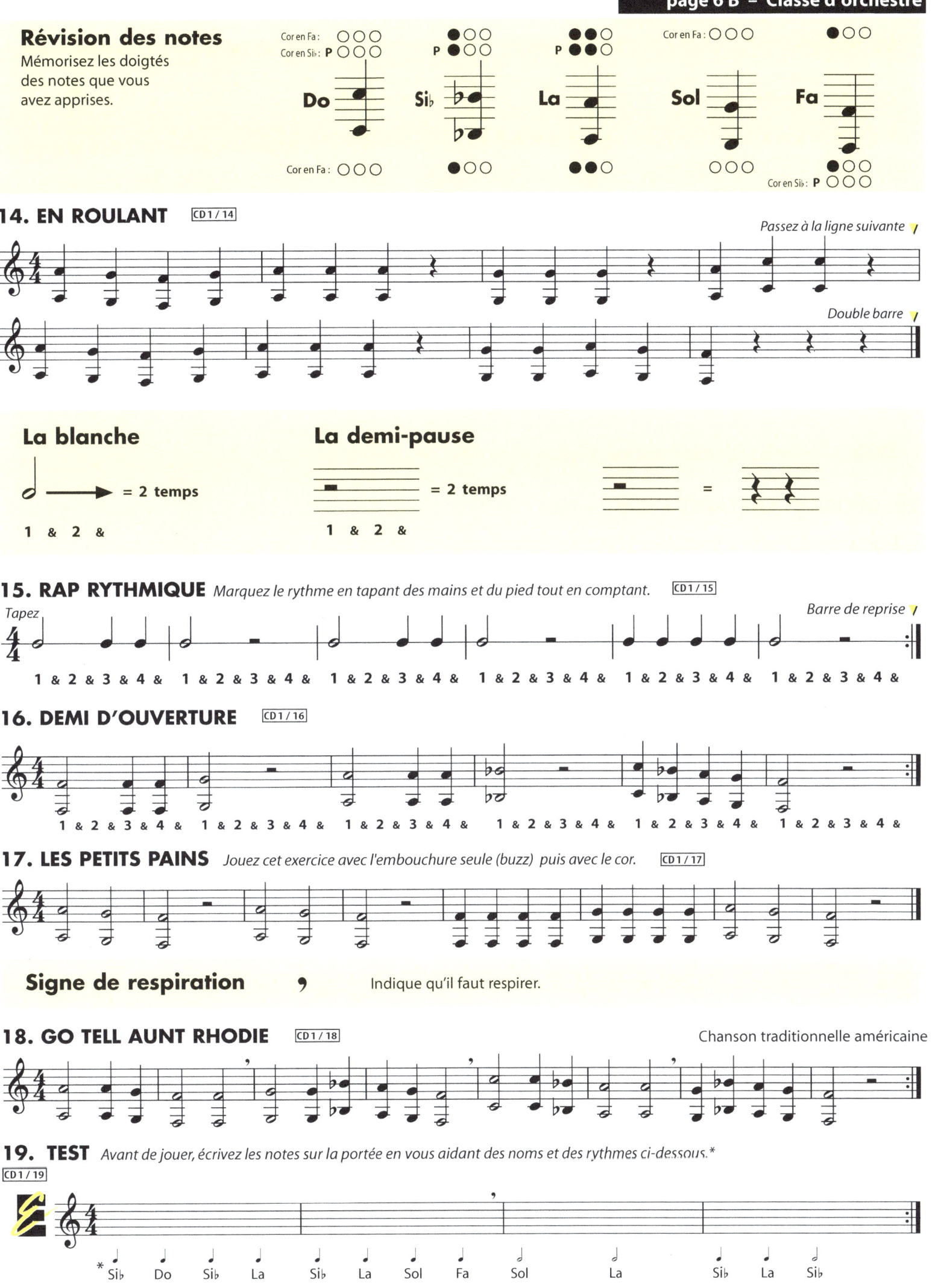

page 7 A – Cor seulement

La ronde
○ ⟶ = 4 temps

1 & 2 & 3 & 4 &

La pause
▬ = 4 temps de silence

1 & 2 & 3 & 4 &

La pause se place sous la 4ᵉ ligne de la portée.

La demi-pause se place sur la 3ᵉ ligne de la portée.

20. RAP RYTHMIQUE
Marquez le rythme en tapant des mains et du pied tout en comptant. CD 1 / 20

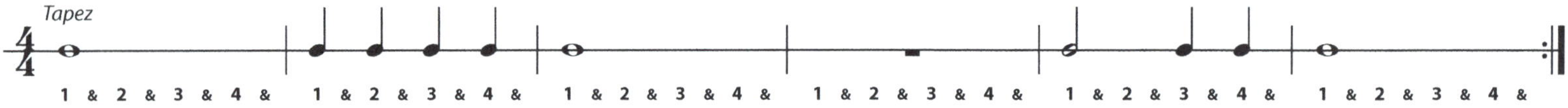

1 & 2 & 3 & 4 &   1 & 2 & 3 & 4 &   1 & 2 & 3 & 4 &   1 & 2 & 3 & 4 &   1 & 2 & 3 & 4 &   1 & 2 & 3 & 4 &

21. L'INTÉGRALE CD 1 / 21

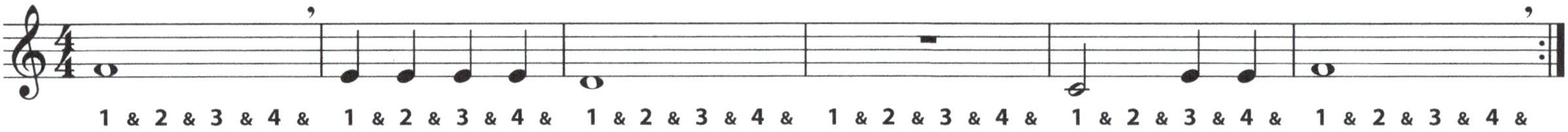

1 & 2 & 3 & 4 &   1 & 2 & 3 & 4 &   1 & 2 & 3 & 4 &   1 & 2 & 3 & 4 &   1 & 2 & 3 & 4 &   1 & 2 & 3 & 4 &

Duo — Composition à deux voix. Pour constituer un duo il faut deux instrumentistes.

22. DÉCISION PARTAGÉE – duo CD 1 / 22

THÉORIE — L'armature

L'armature est l'ensemble des signes d'altération (♯) et (♭) placé au début de la portée, juste après la clé, pour indiquer la tonalité d'un morceau. L'armature de Do Majeur (ou La mineur) ne comporte aucune altération.

23. PAS DE MARCHE CD 1 / 23

24. ÉCOUTEZ NOS SECTIONS ! CD 1 / 24

Percussions   Bois   Cuivres   Percussions   Bois   Cuivres   Perc.   Bois   Cuivres   Tous

25. PETIT JEAN CD 1 / 25

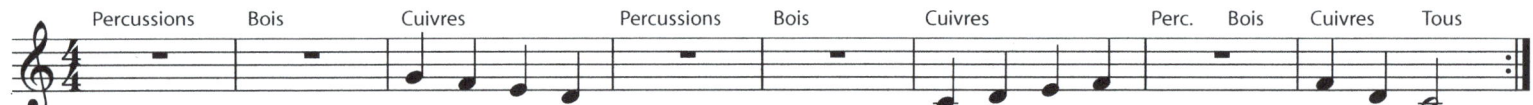

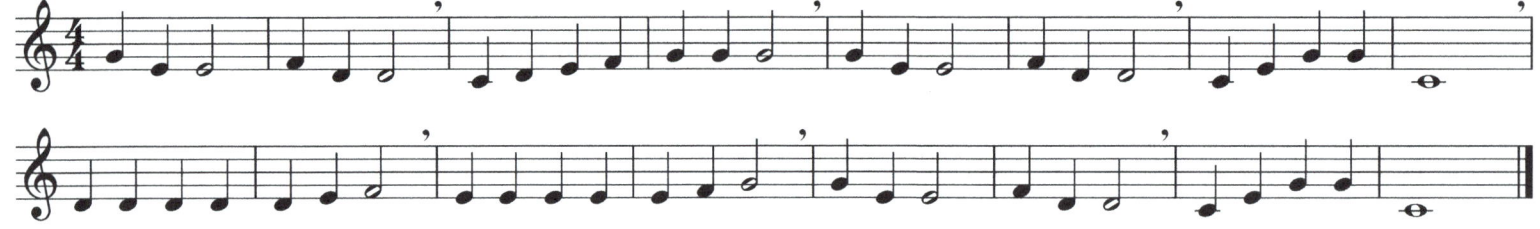

26. TEST *Insérez les barres de mesure avant de jouer.* CD 1 / 26

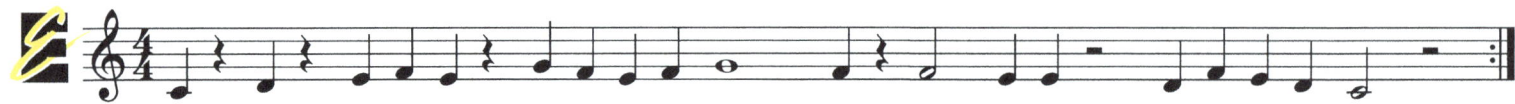

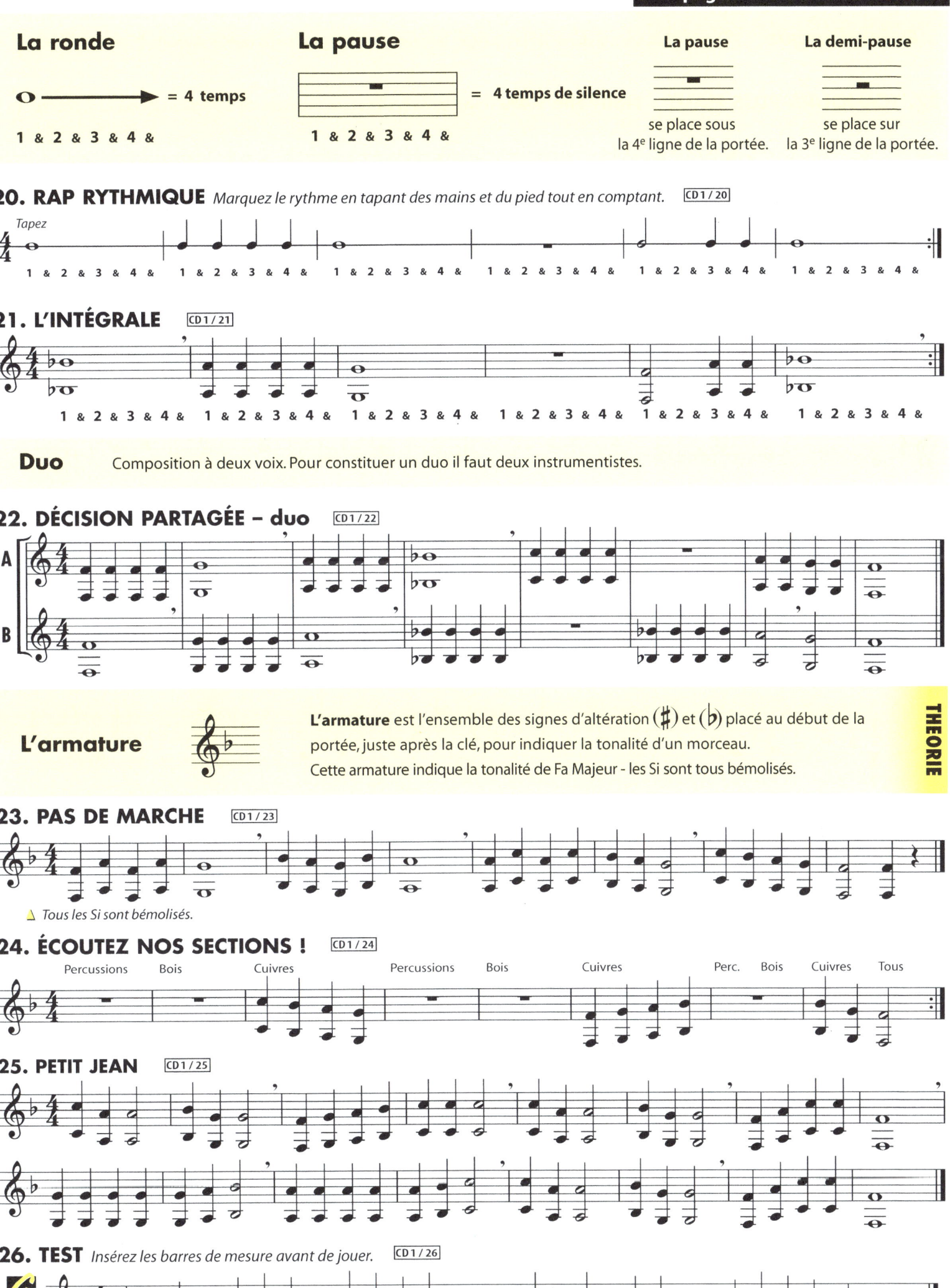

page 8 A – Cor seulement

Point d'orgue 𝄐 Prolongez la durée de la note (ou du silence) aussi longtemps que le souhaite le professeur.

27. TOUJOURS PLUS HAUT – Nouvelle note *Travaillez toutes les nouvelles notes sur des valeurs longues.* CD 1 / 27

Cor double : ajoutez la palette de pouce (P) et utilisez le doigté du cor en Si♭.

28. AU CLAIR DE LA LUNE CD 1 / 28
Chanson traditionnelle française

29. REMIX CD 1 / 29

THEORIE

Harmonie L'art de combiner simultanément plusieurs sons différents. Chaque combinaison forme un *accord*.

30. LONDON BRIDGE – duo CD 1 / 30
Chanson traditionnelle anglaise

HISTOIRE

Le compositeur autrichien **Wolfgang Amadeus Mozart** (1756-1791) était un enfant prodige qui fit ses débuts de musicien professionnel à l'âge de six ans. Sa musique est mélodique et pleine d'imagination. Il composa plus de 600 œuvres durant sa courte vie dont la célèbre *Petite Musique de Nuit* et l'opéra *La Flûte Enchantée*. L'une de ses nombreuses pièces pour piano s'inspire de la célèbre chanson *Ah, vous dirais-je Maman*.

31. MÉLODIE DE MOZART CD 1 / 31
Arrangement

32. TEST *Avant de jouer, insérez les symboles manquants aux endroits appropriés et écrivez les noms des notes :* 𝄞 :‖ 4/4

CD 1 / 32

page 8 B – Classe d'orchestre

Point d'orgue 🎵 Prolongez la durée de la note (ou du silence) aussi longtemps que le souhaite le professeur.

27. TOUJOURS PLUS HAUT – Nouvelle note
Travaillez toutes les nouvelles notes sur des valeurs longues. CD 1/27

Ré
Cor en Fa : ○○○ ●○○
Cor en Si♭ : P ●●○

Cor double : ajoutez la palette de pouce (P) et utilisez le doigté du cor en Si♭.

28. AU CLAIR DE LA LUNE CD 1/28
Chanson traditionnelle française

29. REMIX CD 1/29

THÉORIE — Harmonie : L'art de combiner simultanément plusieurs sons différents. Chaque combinaison forme un *accord*.

30. LONDON BRIDGE – duo CD 1/30
Chanson traditionnelle anglaise

HISTOIRE : Le compositeur autrichien **Wolfgang Amadeus Mozart** (1756-1791) était un enfant prodige qui fit ses débuts de musicien professionnel à l'âge de six ans. Sa musique est mélodique et pleine d'imagination. Il composa plus de 600 œuvres durant sa courte vie dont la célèbre *Petite Musique de Nuit* et l'opéra *La Flûte Enchantée*. L'une de ses nombreuses pièces pour piano s'inspire de la célèbre chanson *Ah, vous dirais-je Maman*.

31. MÉLODIE DE MOZART CD 1/31
Arrangement

32. TEST
Avant de jouer, insérez les symboles manquants aux endroits appropriés et écrivez les noms des notes :

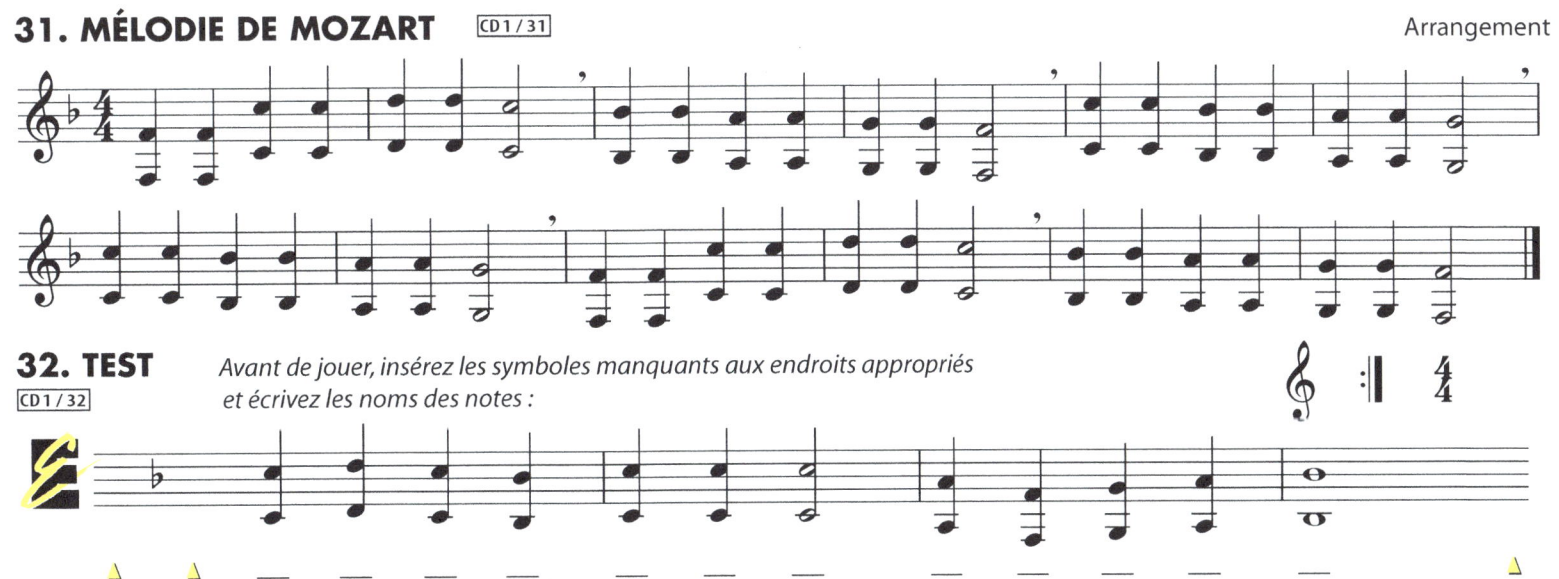

page 9 A – Cor seulement

33. DES POCHES PROFONDES – Nouvelle note [CD 1 / 33]

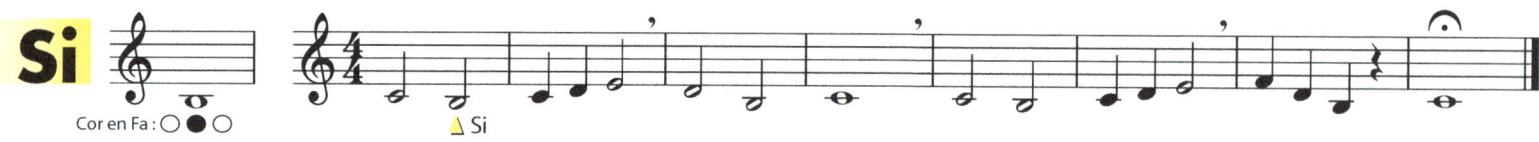

Cor en Fa : ○ ● ○   △ Si

34. GRIBOUILLAGES [CD 1 / 34]

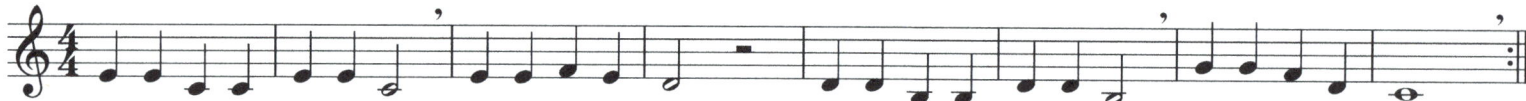

35. LA CORDE À SAUTER [CD 1 / 35]

Anacrouse — Une ou plusieurs notes qui précèdent la première mesure *entière*. La dernière mesure du morceau ne compte que le nombre de temps complétant la première mesure (mesure de levée).

36. DU TAC AU TAC [CD 1 / 36]

4 & 1 & 2 & 3 & 4 &   1 & 2 & 3 &

Nuances   *f* – forte (jouer fort)   *mf* – mezzo forte (jouer moyennement fort)   *p* – piano (jouer doucement)
Souvenez-vous de bien soutenir votre respiration pour pouvoir varier l'intensité sonore.

37. FORT ET DOUX [CD 1 / 37]

Tapez des mains

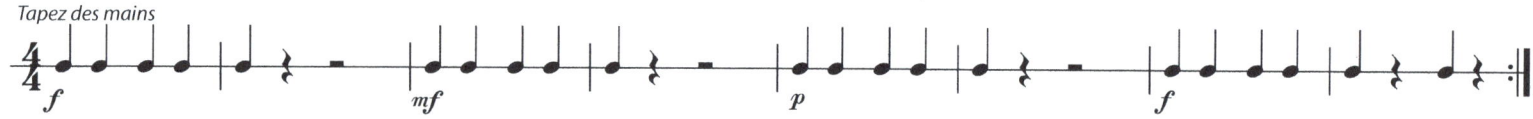

38. VIVE LE VENT — *Jouez cet exercice avec l'embouchure seule (buzz) puis avec le cor.* [CD 1 / 38]   J.S. Pierpont

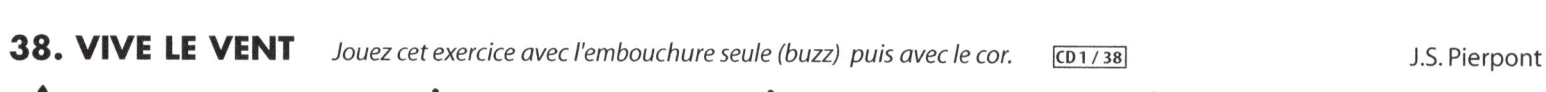

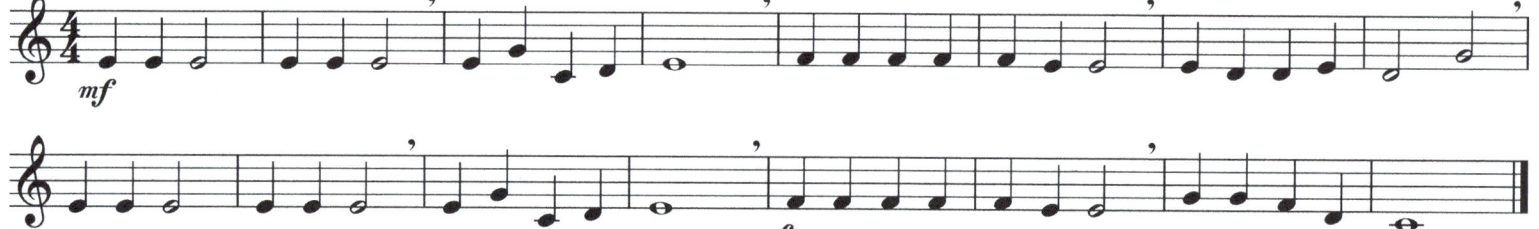

39. MEIN DREYDL — *Soutenez bien la respiration à tous les niveaux d'intensité sonore.* [CD 1 / 39]   Chant de Noël yiddish

33. DES POCHES PROFONDES – Nouvelle note CD 1 / 33

34. GRIBOUILLAGES CD 1 / 34

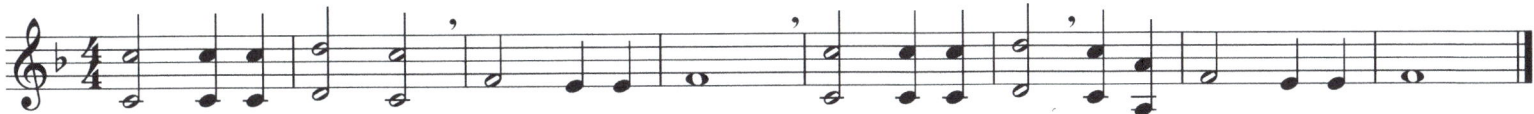

35. LA CORDE À SAUTER CD 1 / 35

Anacrouse — Une ou plusieurs notes qui précèdent la première mesure *entière*. La dernière mesure du morceau ne compte que le nombre de temps complétant la première mesure (mesure de levée).

36. DU TAC AU TAC CD 1 / 36

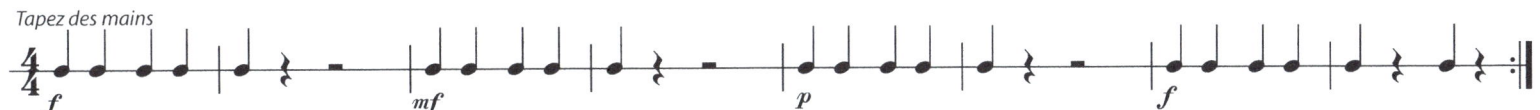

Nuances f – forte (jouer fort) mf – mezzo forte (jouer moyennement fort) p – piano (jouer doucement)
Souvenez-vous de bien soutenir votre respiration pour pouvoir varier l'intensité sonore.

37. FORT ET DOUX CD 1 / 37

38. VIVE LE VENT Jouez cet exercice avec l'embouchure seule (buzz) puis avec le cor. CD 1 / 38 J.S. Pierpont

39. MEIN DREYDL Soutenez bien la respiration à tous les niveaux d'intensité sonore. CD 1 / 39 Chant de Noël yiddish

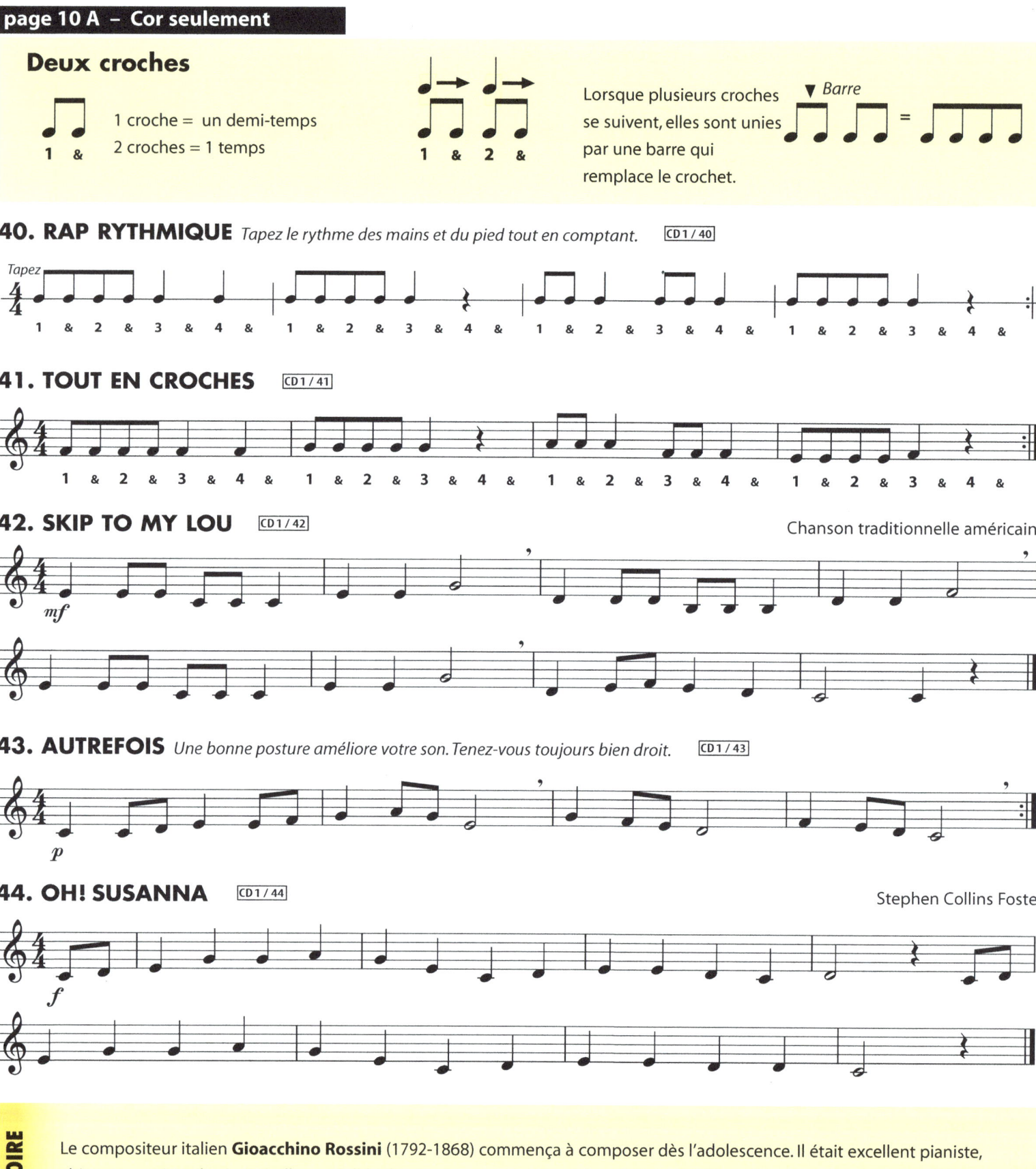

page 10 B – Classe d'orchestre

Deux croches

1 croche = un demi-temps
2 croches = 1 temps

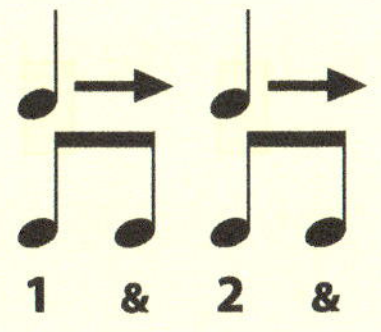

Lorsque plusieurs croches se suivent, elles sont unies par une barre qui remplace le crochet.

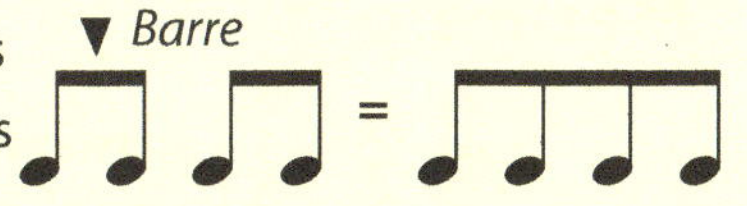

40. RAP RYTHMIQUE
Tapez le rythme des mains et du pied tout en comptant. CD 1/40

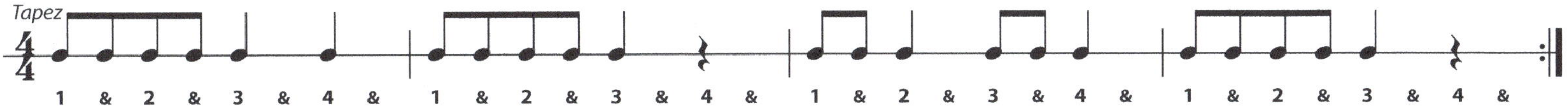

41. TOUT EN CROCHES CD 1/41

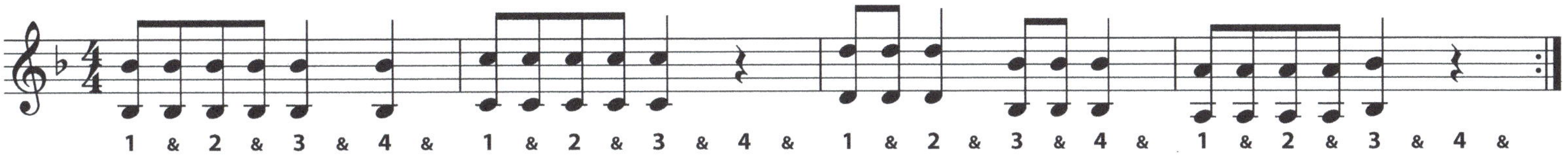

42. SKIP TO MY LOU CD 1/42
Chanson traditionnelle américaine

43. AUTREFOIS
Une bonne posture améliore votre son. Tenez-vous toujours bien droit. CD 1/43

44. OH! SUSANNA CD 1/44
Stephen Collins Foster

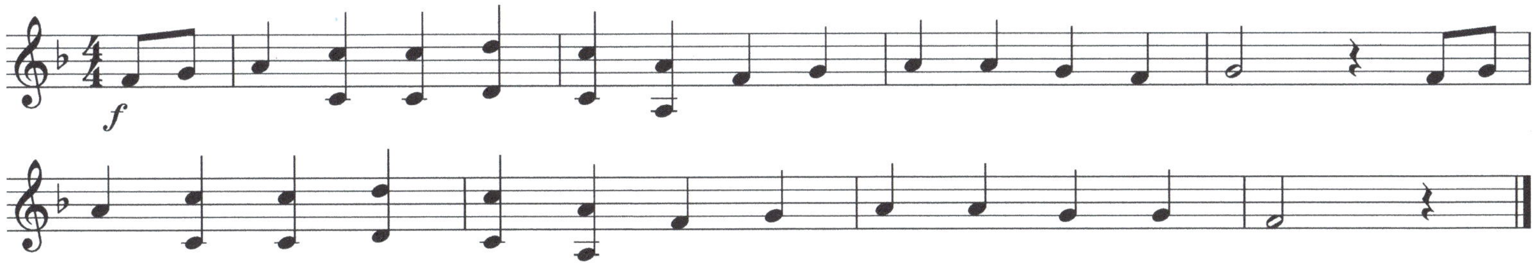

HISTOIRE
Le compositeur italien **Gioacchino Rossini** (1792-1868) commença à composer dès l'adolescence. Il était excellent pianiste, altiste et corniste. Il a écrit *Guillaume Tell*, le dernier de ses quarante opéras, à l'âge de 37 ans. On entend souvent le célèbre thème de l'ouverture à la radio et à la télévision.

45. TEST – THÈME DE *GUILLAUME TELL* CD 1/45
Gioacchino Rossini

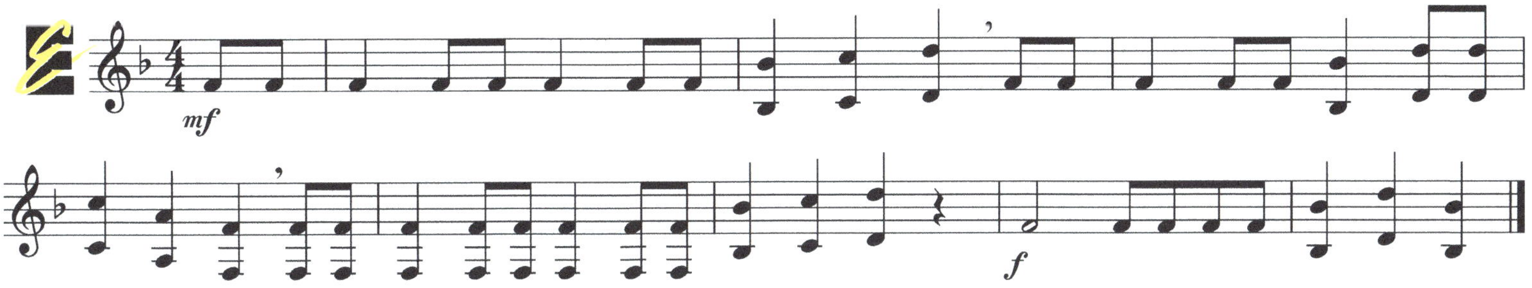

page 11 A – Cor seulement

THEORIE

Mesure à 2/4
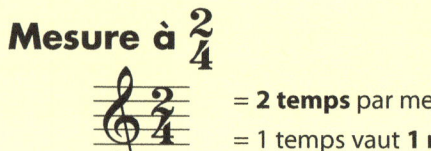
= **2 temps** par mesure
= 1 temps vaut **1 noire**

Battre la mesure

Exercez-vous à battre la mesure à deux temps.

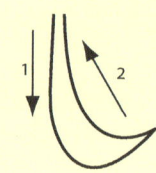

46. RAP RYTHMIQUE CD 1 / 46
Tapez des mains

47. DEUX PAR DEUX CD 1 / 47

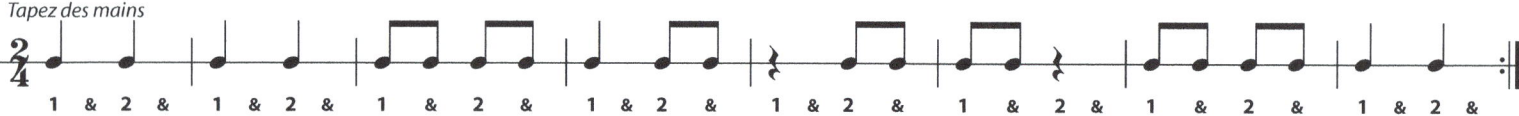

Indications de tempo — Le *tempo* indique le mouvement, plus ou moins rapide, à respecter pendant l'interprétation d'un morceau de musique. Les indications de tempo sont généralement en italien et sont placées au-dessus de la portée.

Allegro – Vif, allègre   **Moderato** – Modéré   **Andante** – Modéré (allant)

48. HIGH SCHOOL CADETS – Marche CD 1 / 48
John Philip Sousa

49. PERSONNE À LA MAISON – Nouvelle note CD 1 / 49

La Cor en Fa : ●●○

Nuances

Crescendo (en augmentant progressivement le son)   *Decrescendo* ou *Diminuendo* (en décroissant, en diminuant progressivement le son)

50. TAPEZ LES NUANCES CD 1 / 50
Tapez

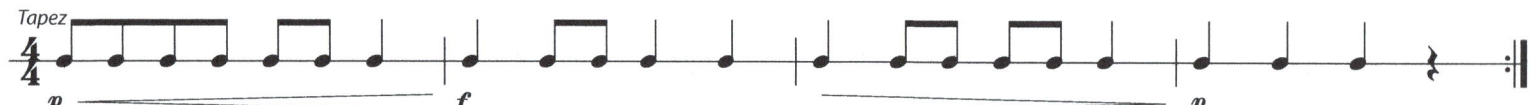

51. JOUEZ LES NUANCES CD 1 / 51

page 11 B – Classe d'orchestre

THEORIE

Mesure à 2/4

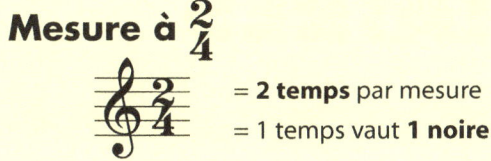
= **2 temps** par mesure
= 1 temps vaut **1 noire**

Battre la mesure

Exercez-vous à battre la mesure à deux temps.

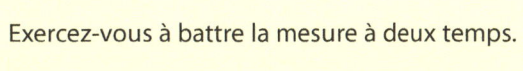

46. RAP RYTHMIQUE

Tapez des mains

47. DEUX PAR DEUX

Indications de tempo

Le *tempo* indique le mouvement, plus ou moins rapide, à respecter pendant l'interprétation d'un morceau de musique. Les indications de tempo sont généralement en italien et sont placées au-dessus de la portée.

Allegro – Vif, allègre   **Moderato** – Modéré   **Andante** – Modéré (allant)

48. HIGH SCHOOL CADETS – Marche

John Philip Sousa

49. PERSONNE À LA MAISON

Nuances

Crescendo
(en augmentant progressivement le son)

Decrescendo ou *Diminuendo*
(en décroissant, en diminuant progressivement le son)

50. TAPEZ LES NUANCES

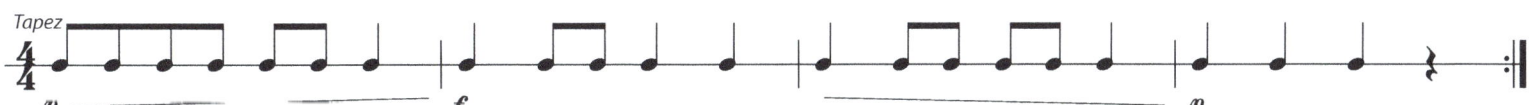

51. JOUEZ LES NUANCES

page 11 C – Cor seulement
NOTES COMPLÉMENTAIRES

THEORIE — **Bémol** ♭ — Le bémol abaisse d'un demi-ton le son de la note devant laquelle il est placé et ce dans toute la mesure. Ainsi, le Si♭, par exemple, sonne un demi-ton plus bas que le Si naturel.

52C. DOUX ET GRAVE – Nouvelle note [CD 1 / 52]

Cor en Fa : ●○○

53C. MARCHE SOLENNELLE [CD 1 / 53]

54C. HAUT VOL – Nouvelle note [CD 1 / 54]

Cor en Fa : ●○○
Cor en Si♭ : P ●○○

Cor double : ajoutez la palette de pouce (P) et utilisez le doigté du cor en Si♭.

THEORIE — **Nouvelle tonalité**  — Cette armature indique la tonalité de Fa Majeur : les Si sont tous bémolisés.

55C. ALOHA OE [CD 1 / 55]

Reine Liliuokalani, Hawaï

56C. CHANSON TRADITIONNELLE AMÉRICAINE [CD 1 / 56]

William Billings

page 11 D – Cor seulement

NOTES COMPLÉMENTAIRES

57D. HAUTE MER – Nouvelle note CD 1 / 57

Do

Cor en Fa : ○○○
Cor en Si♭ : P ○○○

Cor double : ajoutez la palette de pouce (P) et utilisez le doigté du cor en Si♭.

58D. MARIANNE CD 1 / 58

Chanson traditionnelle jamaïquaine

Allegro

59D. LA CHÈVRE DE BILL GROGAN CD 1 / 59

Chanson traditionnelle américaine

Moderato

60D. HI-DEE-HO – Nouvelle note CD 1 / 60

Ré

Cor en Fa : ○○○
Cor en Si♭ : P ●●○

Cor double : ajoutez la palette de pouce (P) et utilisez le doigté du cor en Si♭.

61D. LA GRANDE PORTE DE KIEV – duo CD 1 / 61

Modeste Moussorgski

Allegro

PIÈCES DE CONCERT

52. PIÈCES PRÉPARATOIRES CD 1 / 52

TRAVAIL DU SON

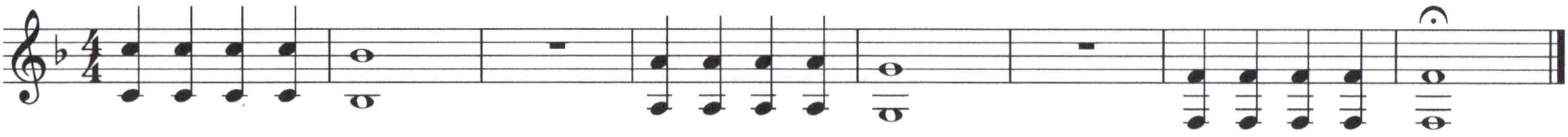

ÉTUDE DE RYTHME

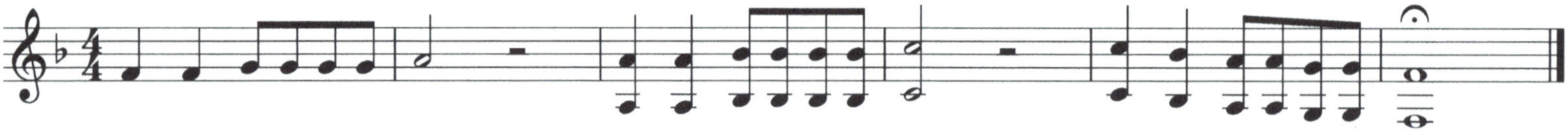

RAP RYTHMIQUE

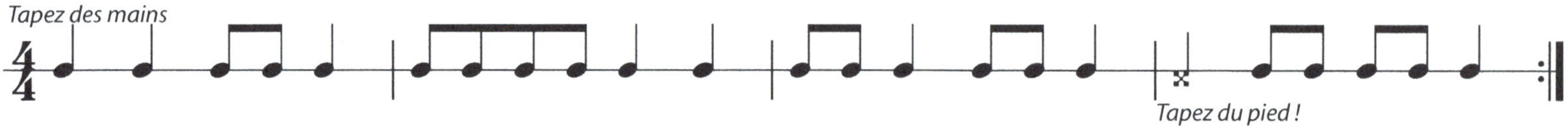

Tapez des mains
Tapez du pied !

CHORAL

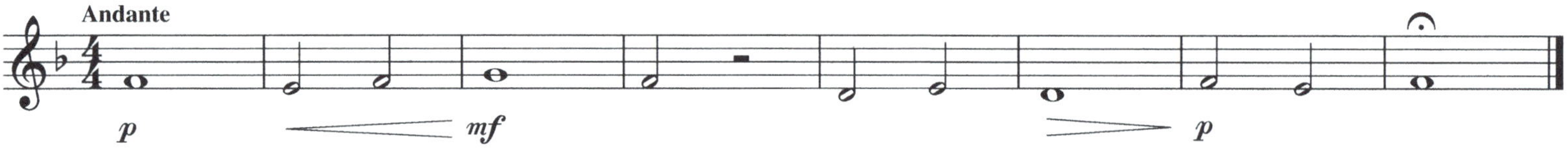

Andante
p
mf
p

53. AURA LEE – Duo ou arrangement pour orchestre CD 1 / 53

George R. Poulton

(Partie A = Ligne mélodique, Partie B = Accompagnement)

Andante
A
B
mf
p
f

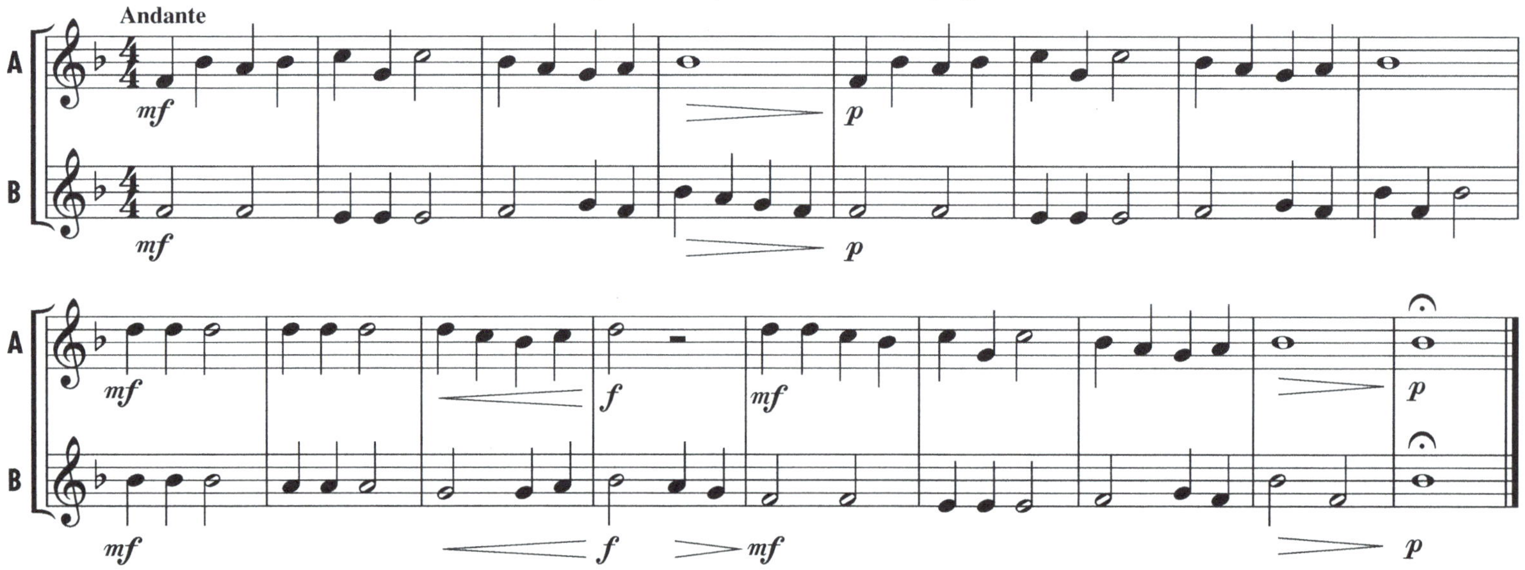

54. FRÈRE JACQUES – Canon CD 1 / 54

Chanson traditionnelle française

(Lorsque le groupe A atteint 2, le groupe B commence à 1)

Moderato
1
2
mf
f

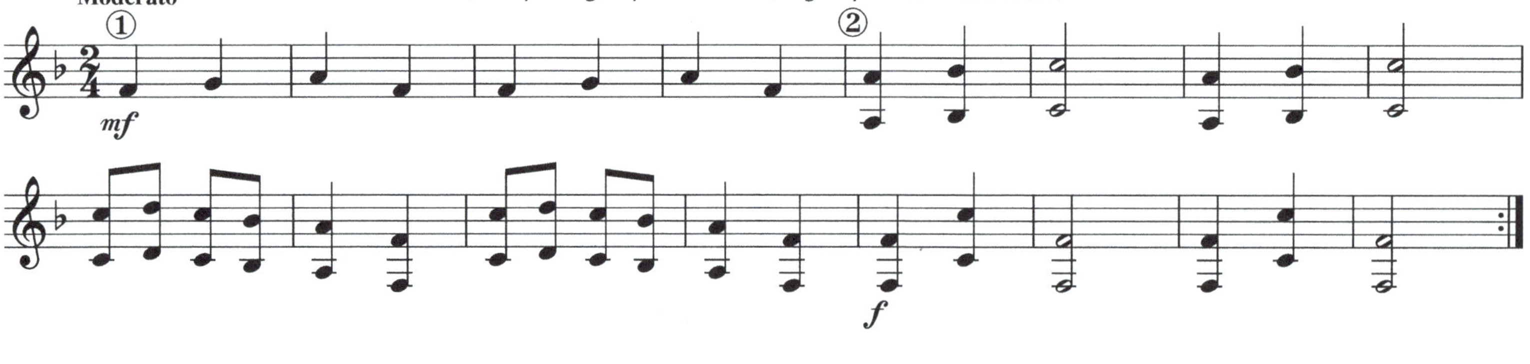

PIÈCES DE CONCERT

Liaison de prolongation

La liaison de prolongation est une ligne courbe qui lie deux notes de même son. Elle indique qu'il faut ajouter la valeur de la seconde note à la valeur de la première.

59. LIAISON ÉTABLIE

60. ALOUETTE

Chanson traditionnelle française

Blanche pointée

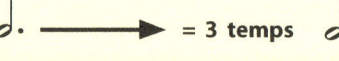 = 3 temps
1 & 2 & 3 &

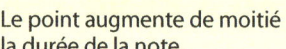 point
Le point augmente de moitié la durée de la note.

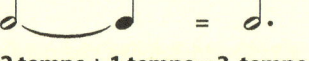
2 temps + 1 temps = 3 temps

61. ALOUETTE – Suite

Chanson traditionnelle française

HISTOIRE — Le compositeur américain **Stephen Collins Foster** (1826-1864) est né près de Pittsburgh, en Pennsylvanie. Des chansons comme *Oh! Susanna*, devenue célèbre à l'époque de la ruée vers l'or (1849), en ont fait l'auteur-compositeur le plus connu de son époque. Parmi ses autres compositions célèbres, on citera *My Old Kentucky Home* et *Camptown Races*.

62. CAMPTOWN RACES

Stephen Colllins Foster

63. NOUVELLE ORIENTATION

64. LES NOBLES
Le débit d'air ne doit pas faiblir. Les doigts restent sur les palettes, recourbés de façon naturelle.

65. TEST

Mesure à 3/4

= **3 temps** par mesure
= 1 temps vaut **1 noire**

Battre la mesure

Exercez-vous à battre la mesure à trois temps.

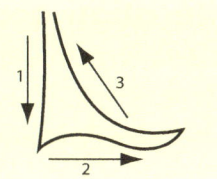

THEORIE

66. RAP RYTHMIQUE CD2/8

67. JAM SESSION À TROIS TEMPS CD2/9

68. BARCAROLLE CD2/10
Jacques Offenbach

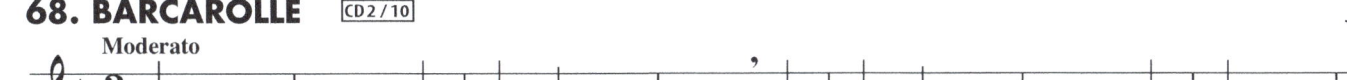

En 1875, le compositeur norvégien **Edvard Grieg** (1843-1907) compose la musique de scène pour *Peer Gynt*, un drame fantastique d'Henrik Ibsen. *Au Matin* constitue un des quatre tableaux de la suite orchestrale *Peer Gynt*. La musique de scène est une musique d'accompagnement, comme la musique pour le cinéma ou la télévision.

HISTOIRE

69. AU MATIN (extrait de *Peer Gynt*)
Edvard Grieg

CD2/11

Accent Accentuez la note.

70. ACCENTUEZ VOTRE TALENT CD2/12

Les racines de la **musique latino-américaine** se trouvent dans les cultures africaine, amérindienne, espagnole et portugaise. Très variée, cette musique se caractérise par un accompagnement dynamique de tambours et autres accessoires de percussion (maracas, claves, etc.). La musique latino-américaine influence encore le jazz, la musique classique et la musique pop.
Las Chiapanecas est un air traditionnel accompagnant les danses et les jeux des enfants.

HISTOIRE

71. LAS CHIAPANECAS
Air traditionnel d'Amérique latine

CD2/13

72. EXERCICE DE CRÉATIVITÉ *Composez votre propre musique pour les mesures 3 et 4 sur le rythme indiqué :*

CD2/14

THEORIE

Altération accidentelle

Un dièse, un bémol ou un bécarre placé devant une note et ne figurant pas dans l'armature est qualifié d'**altération accidentelle**.

Bémol ♭

Le **bémol** abaisse d'un demi-ton le son de la note devant laquelle il est placé et ce dans toute la mesure. Ainsi, le Mi♭, par exemple, sonne un demi-ton plus bas que le Mi naturel.

73. CROISSANTS CHAUDS - Nouvelle note [CD 2/15]

Cor double : ajoutez la palette de pouce (P) et utilisez le doigté du cor en Si♭.

74. DANSE COSAQUE [CD 2/16]

75. BLUES DE BASE – Nouvelle note [CD 2/17]

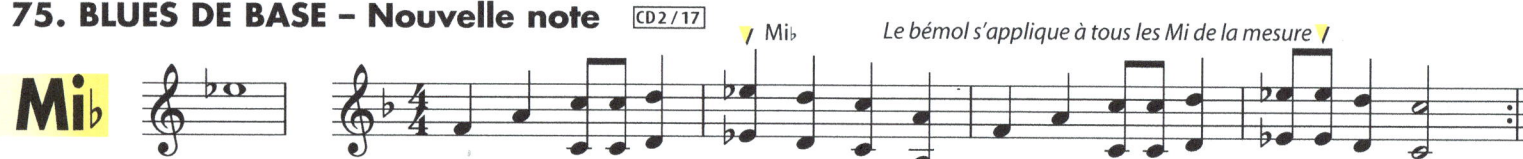

Cor double : ajoutez la palette de pouce (P) et utilisez le doigté du cor en Si♭.

THEORIE

Nouvelle armature

Cette armature indique la *tonalité de Si♭ Majeur* – tous les Si et les Mi sont bémolisés.

Mesures de 1ʳᵉ et 2ᵉ fois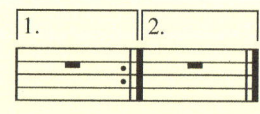

Jouez le morceau jusqu'à la mesure de 1ʳᵉ fois, reprenez au début et passez directement à la mesure de 2ᵉ fois.

76. HAUT VOL [CD 2/18]

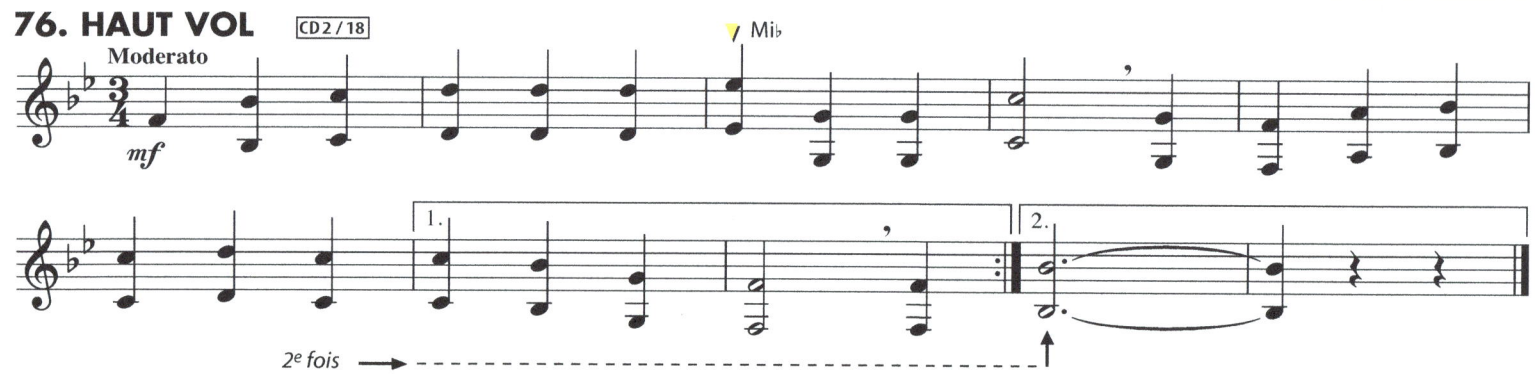

HISTOIRE

Les origines de la **musique traditionnelle japonaise** se trouvent dans la Chine antique. Les mélodies traditionnelles comme *Sakura, Sakura* étaient jouées sur des instruments tels que le **Koto**, une sorte de cithare à 13 cordes qui remonte à plus de 4000 ans, et le **Shakuhachi**, une flûte en bambou. Le son unique de cette vieille mélodie japonaise provient de l'emploi de la gamme pentatonique, qui est formée de cinq sons seulement.

77. SAKURA, SAKURA – Arrangement pour orchestre [CD 2/19]

Chanson traditionnelle japonaise
Arr. John Higgins

EXERCICES PRÉPARATOIRES QUOTIDIENS
POUR DÉVELOPPER LA SONORITÉ ET LA TECHNIQUE

86. TRAVAIL DU SON *Le débit d'air doit être régulier.*

87. TRAVAIL DU RYTHME

88. TRAVAIL DE LA TECHNIQUE

89. CHORAL : JÉSUS QUE MA JOIE DEMEURE *(extrait de la Cantate BWV 147)* — Jean-Sébastien Bach

THEORIE

Thème et variations — Forme musicale comprenant une mélodie principale, le **thème**. Les **variations** consistent à modifier le thème.

90. VARIATIONS SUR UN THÈME CONNU

D.C. al Fine — Répétition d'un morceau à partir du début jusqu'à un endroit de la partition signalé par le mot **Fine** (ou Fin), qui termine également le morceau.
Da Capo signifie « à partir du début », **al Fine** signifie « jusqu'à la fin ».

91. BANANA BOAT SONG — Chanson traditionnelle des Caraïbes

Bécarre ♮ Annule l'effet de toute altération (dièse ou bémol) placée dans une mesure.

THEORIE

92. AU BORD DE L'ABÎME – Nouvelle note [CD 2 / 34]

Cor en Fa : ○●○ ○●○
Cor en Si♭ : P ○●○

△ Si
Cor double : ajoutez la palette de pouce (P) et utilisez le doigté du cor en Si♭.

93. LA BOÎTE À MUSIQUE [CD 2 / 35]

△ Si

Les **spirituals**, une forme de chant religieux afro-américain, sont nés vers la fin du XVIIIe siècle, pendant la période d'esclavage aux États-Unis. Ils réunissent des éléments des chants religieux européens et des formules rythmiques dérivées de la tradition africaine. La première collection de spirituals fut publiée en 1867, quatre ans après l'introduction de la loi contre l'esclavage.

HISTOIRE

94. EZEKIEL SAW THE WHEEL [CD 2 / 36]

Spiritual afro-américain

Liaison d'expression La **liaison d'expression** est une ligne courbe qui se place sur deux ou plusieurs notes différentes. Elle indique qu'il faut les lier entre elles et en soutenir le son.

95. LA MAIN DANS LA MAIN [CD 2 / 37]

△ 2 notes liées : seule la première est détachée (« Tu »).

96. GLISSADES [CD 2 / 38]

△ 4 notes liées : seule la première est détachée (« Tu »).

Le **ragtime** est un style musical américain très populaire entre les années 1890 et la Première Guerre mondiale. Cette première forme de jazz a rendu célèbres des pianistes tels que Jelly Roll Morton et Scott Joplin, auteur de *The Entertainer* et *Maple Leaf Rag*. Des compositeurs de musique savante, comme Igor Stravinski et Claude Debussy, se sont inspirés du ragtime.

HISTOIRE

97. RAG DES TROMBONES [CD 2 / 39]

98. TEST [CD 2 / 40]

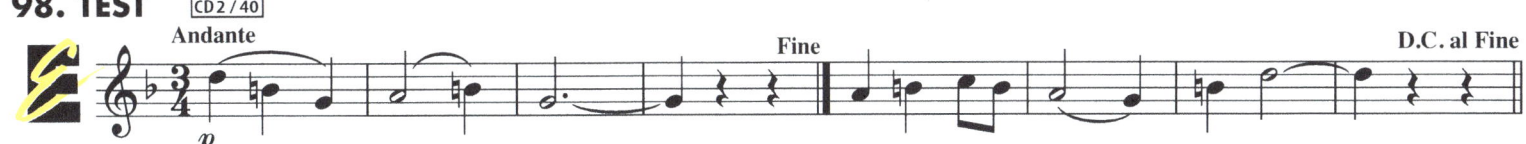

99. LE GRAND JEU – Nouvelle note [CD 2 / 41]

Cor en Fa : ○○○
Cor en Si♭ : P ○●○

Cor double : ajoutez la palette de pouce (P) et utilisez le doigté du cor en Si♭.
Reportez-vous page 9B si vous souhaitez revoir le doigté du Mi grave.

THEORIE — Phrase

Une **phrase** musicale est formée de mesures qui constituent un groupe homogène, une ligne mélodique.
La **phrase** musicale organise la durée de la musique comme les phrases d'un texte en littérature.
Essayez de jouer une **phrase** sans respirer.

100. UN VENT FRAIS [CD 2 / 42]

101. PHRASÉOLOGIE *Séparez les phrases par un signe de respiration.* [CD 2 / 43]

THEORIE

Nouvelle armature

L'absence d'armature indique la *tonalité de Do Majeur* (ni dièses, ni bémols).

Plusieurs mesures de silence

Le chiffre au-dessus de la portée indique le nombre de mesures entières de silence. Comptez les mesures pour reprendre au bon moment.

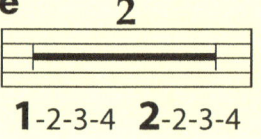

102. SATIN LATIN [CD 2 / 44]

HISTOIRE

Le compositeur allemand **Jean-Sébastien Bach** (1685-1750), qui appartenait à une grande famille de musiciens réputés, devint le compositeur le plus admiré de l'époque baroque. D'abord membre d'un chœur, Bach devint bientôt organiste, professeur et compositeur – son œuvre abondante totalise plus de 600 compositions. Ce *Menuet*, une danse de cour à 3 temps, fut écrit en tant qu'exercice pour clavecin.

103. MENUET – duo [CD 2 / 45]

Jean-Sébastien Bach

104. EXERCICE DE CRÉATIVITÉ [CD 2 / 46] [CD 2 / 46]

Cette mélodie peut être jouée en 3/4 ou en 4/4. Écrivez au crayon l'une des deux mesures à la clé et dessinez les barres de mesure avant de jouer. Ensuite, effacez les barres de mesure et essayez l'autre mesure à la clé. Les phrases donnent-elles une impression différente ?

105. NATURELLEMENT

Le compositeur autrichien **Franz Schubert** (1797-1828) a vécu moins longtemps que n'importe quel autre grand compositeur, mais il a écrit une quantité incroyable de musique : entre autres, plus de 600 *lieder* pour voix et piano, dix symphonies, de la musique de chambre, des opéras, des œuvres chorales et des pièces pour piano. Sa *Marche Militaire* était à l'origine écrite pour piano à 4 mains.

HISTOIRE

106. MARCHE MILITAIRE

Franz Schubert

107. ZONE BÉMOLISÉE – Nouvelle note

Cor double : ajoutez la palette de pouce (P) et utilisez le doigté du cor en Si♭.

108. ON TOP OF OLD SMOKEY

Chanson traditionnelle américaine

Le **boogie-woogie** est un style pianistique de jazz, né au début du XXᵉ siècle. Il s'agit d'une forme instrumentale issue du blues, mais sur un rythme beaucoup plus rapide. En 1928, Clarence « Pine Top » Smith utilisa le terme pour la première fois sur un disque, *Pine Top's Boogie Woogie*.

HISTOIRE

109. BOTTOM BASS BOOGIE – duo

PIÈCES DE CONCERT

Solo avec accompagnement au piano

Ce solo peut être interprété avec ou sans accompagnement au piano. La mélodie est extraite de la ***Symphonie n° 9 (« du Nouveau Monde »)*** du compositeur tchèque **Antonin Dvořák** (1841-1904). Composée entre janvier et mai 1893 à New York, cette symphonie s'inspire de chants traditionnels américains et de spirituals. Le *Largo* en est le mouvement le plus célèbre.

118. THÈME – SYMPHONIE N° 9 « DU NOUVEAU MONDE »

Antonin Dvořák

SOUPLESSE DES LÈVRES

Les exercices de souplesse permettent d'apprendre à lier les notes sans changer de position de la coulisse. Les cuivres doivent travailler cette technique régulièrement pour disposer des notes du registre aigu. Ajoutez l'exercice suivant aux exercices préparatoires quotidiens :

Cor en Fa : ○○○

Les bons musiciens savent motiver les autres. Sur cette page, les clarinettistes travaillent le registre aigu de leur instrument (Sauts de chat). Les cuivres travaillent la souplesse des lèvres, tandis que les percussionnistes se concentrent sur les combinaisons de doigtés. Le succès de votre orchestre dépend des efforts et de la motivation de tous ses membres.

119. SAUTS DE CHAT N° 1 CD 3 / 1

120. SAUTILLEMENTS CD 3 / 2

121. SAUTS DE CHAT N° 2 CD 3 / 3

122. SAUTS DE JOIE CD 3 / 4

123. SAUTS DE CHAT N° 3 CD 3 / 5

124. SAUTE-MOUTON CD 3 / 6

Intervalle

THEORIE — On appelle **intervalle** la distance qui sépare deux notes. En commençant avec « 1 » pour la note la plus grave, comptez chaque ligne et chaque interligne (nombre de degrés) entre les notes. Le numéro de la note la plus aiguë correspond à l'intervalle entre les deux notes.

Seconde — Tierce — Quarte — Quinte — Sixte — Septième — Octave

125. TEST   Écrivez les noms des intervalles, en comptant à partir de la note la plus grave. CD 3 / 7

Intervalles : seconde

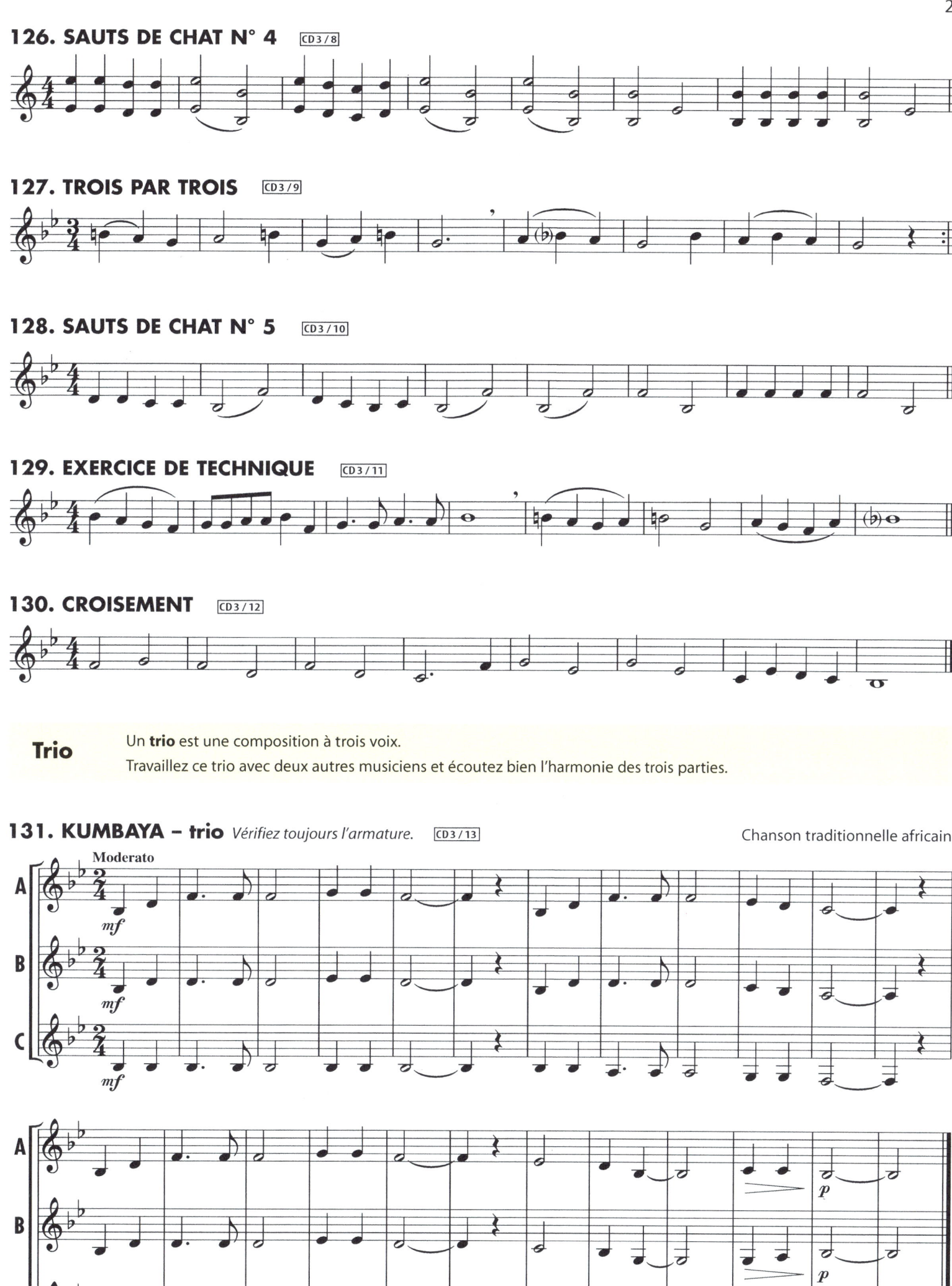

THEORIE

Gamme
Une **gamme** est une série ascendante ou descendante de sons conjoints. Pour former une gamme on utilise sept notes de noms différents plus une, la huitième qui n'est que la répétition de la première note à l'octave supérieure. La gamme peut être Majeure ou mineure. La gamme présentée ci-dessous est celle de Fa Majeur, c'est-à-dire qu'elle commence et se termine par la note Fa. L'intervalle entre les deux Fa est une octave.

147. GAMME DE FA MAJEUR [CD3/29]

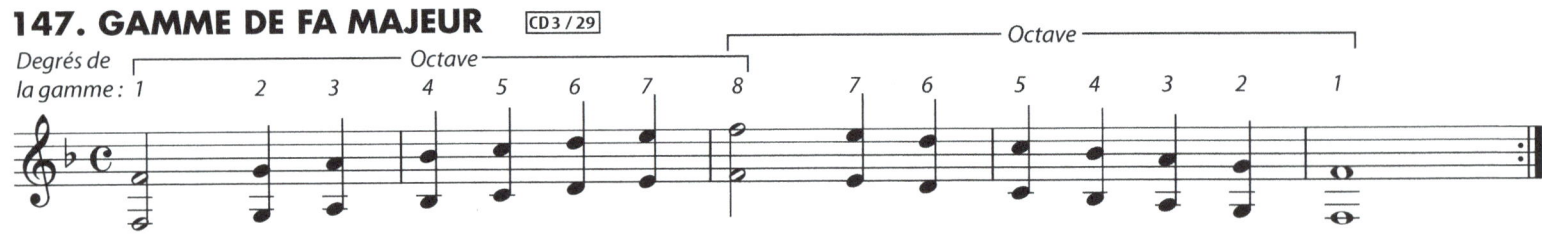

THEORIE

Accords et arpèges
Un **accord** est défini comme l'association de trois sons ou plus joués ensemble.
L'accord Majeur de trois sons est constitué de la note fondamentale (1er degré de la gamme), de la tierce (3e degré de la gamme) et de la quinte (5e degré de la gamme).
Dans le cas d'un **accord brisé (arpège)**, les notes sont jouées successivement au lieu d'être jouées ensemble.

148. EN HARMONIE
Divisez les notes des accords entre les membres de l'orchestre et jouez-les. [CD3/30]

149. GAMME ET ARPÈGE [CD3/31]

HISTOIRE

Le compositeur autrichien **Joseph Haydn** (1732-1809) a écrit 108 symphonies. Ces œuvres, dont beaucoup ont reçu un nom, se distinguent par un langage musical élégant et original, unique à l'époque. La *Symphonie n° 84* a été surnommée « *La Surprise* » parce que le deuxième mouvement, très doux, comprend un accord fortissimo très inattendu prétendument destiné à réveiller un public assoupi. Il existe plusieurs autres explications tentant d'élucider l'origine de cet effet sonore tonitruant qu'Haydn a ajouté après coup puisqu'il ne figure pas dans le manuscrit original.

150. THÈME DE LA SYMPHONIE N° 94, « LA SURPRISE » [CD3/32]

Joseph Haydn

151. TEST – THE STREETS OF LAREDO [CD3/33]

Chanson traditionnelle américaine

Écrivez les noms des notes avant de jouer.

EXERCICES PRÉPARATOIRES QUOTIDIENS
POUR DÉVELOPPER LA SONORITÉ ET LA TECHNIQUE

154. TRAVAIL DE L'ÉTENDUE ET DE LA SOUPLESSE [CD 3/36]

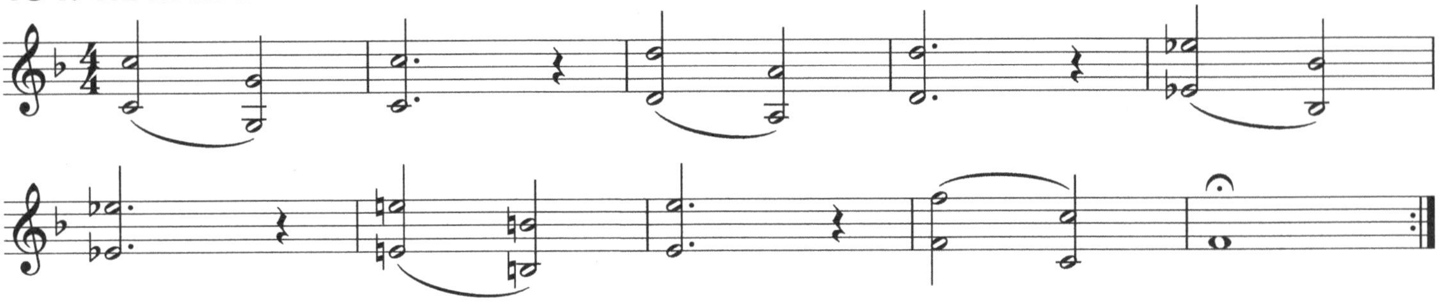

155. TRAVAIL DE LA TECHNIQUE [CD 3/37]

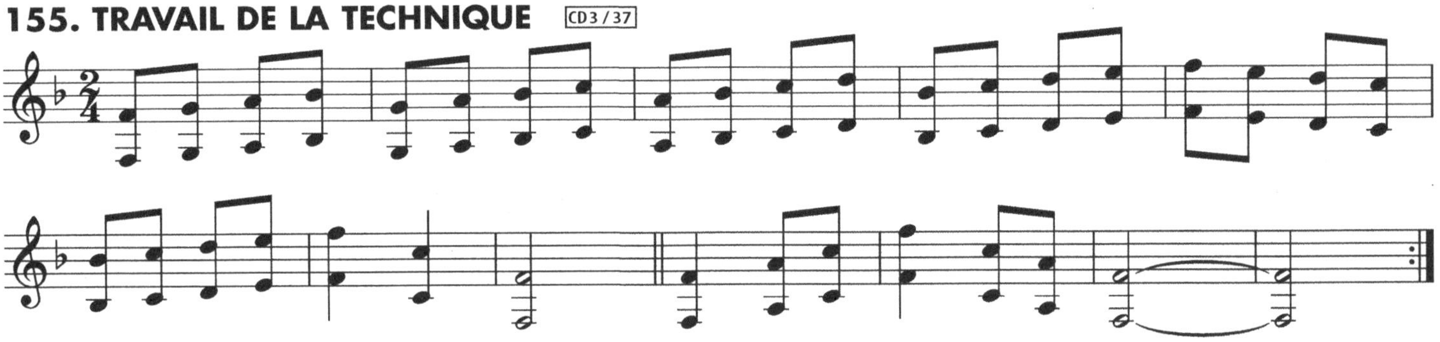

156. CHORAL [CD 3/38]

Jean-Sébastien Bach

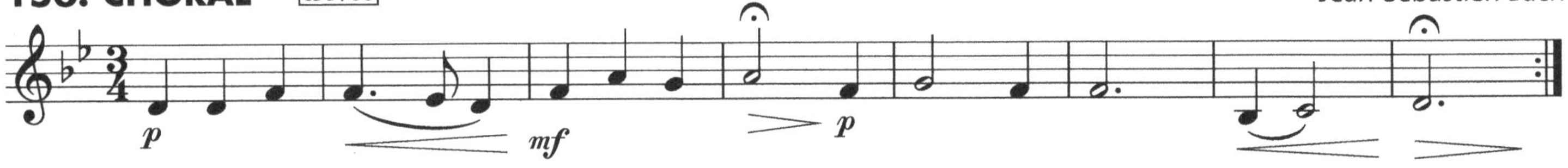

HISTOIRE

La mélodie traditionnelle hébraïque *Hatikvah* est l'hymne national d'Israël depuis la naissance de ce pays, en 1948.

157. HATIKVAH [CD 3/39]

Hymne national d'Israël

165. AIR DE DANSE – Nouvelle note

Cor double : ajoutez la palette de pouce (P) et utilisez le doigté du cor en Si♭.

HISTOIRE — Le compositeur et chef américain **John Philip Sousa** (1854-1932) a écrit 136 marches. Surnommé « le roi de la marche », Sousa est l'auteur de *The Stars and Stripes Forever*, *Semper Fidelis*, *The Washington Post* et bien d'autres œuvres patriotiques.
À chaque fois que Sousa parcourt le monde avec son propre Orchestre à Vent, le public est ébloui par l'excellence des interprétations. On doit lui reconnaître une grande part de mérite dans le développement de l'Orchestre d'Harmonie tel que nous le connaissons aujourd'hui. La mélodie de l'exercice suivant est extraite de sa célèbre opérette, *El Capitan*.

166. EL CAPITAN

John Philip Sousa

HISTOIRE — *Ô Canada*, précédemment intitulée *Chanson nationale*, fut jouée pour la première fois en 1880 dans la région francophone du Canada. Cette œuvre fut traduite en anglais par Robert Stanley Weir en 1908, mais elle ne devint l'hymne national du Canada qu'en 1980, un siècle après sa création.

167. Ô CANADA

Calixa Lavallée, Adolphe B. Routhier et R.S. Weir

168. TEST – SUR MESURE

Comptez et tapez cet exercice avant de le jouer. Sauriez-vous le diriger ?

Enharmonie

L'**enharmonie** désigne la synonymie qui existe entre deux notes de noms différents mais affectées toutes deux au même son (et produites avec le même doigté). Le tableau de doigté qui se trouve pages 46-47 de votre manuel indique le doigté des **notes enharmoniques** (ou **notes synonymes**) pour votre instrument.

Sur le clavier d'un piano, chaque touche noire correspond à la fois à une note bémolisée et diésée.

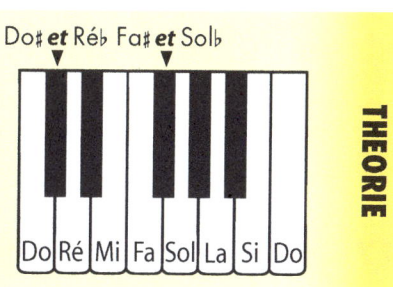

THEORIE

169. LE CHARMEUR DE SERPENTS
Deux notes enharmoniques sont jouées avec le même doigté. CD 4/1

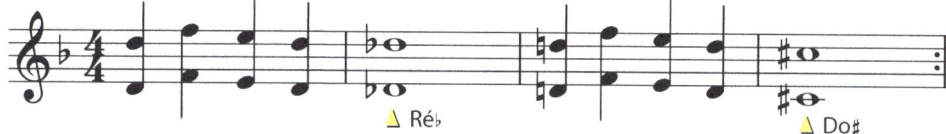

△ Réb △ Do#

Cor double : ajoutez la palette de pouce (P) et utilisez le doigté du cor en Si♭.

170. OMBRES PORTÉES CD 4/2

△ Anacrouse

171. RENCONTRES
Deux notes enharmoniques sont jouées avec le même doigté. CD 4/3

△ Sol# △ Lab

Cor double : ajoutez la palette de pouce (P) et utilisez le doigté du cor en Si♭.

172. MARCHE SLAVE CD 4/4
Piotr Ilitch Tchaïkovski

173. NOTES DÉGUISÉES
Les notes enharmoniques sont produites avec le même doigté. CD 4/5

Notes chromatiques

Une **gamme chromatique** est une gamme qui comprend la totalité des douze notes du système musical (autrement dit, l'ensemble des touches blanches et noires d'un clavier de piano qui se trouvent dans une intervalle d'octave). On appelle **notes chromatiques**, les notes qui constituent la gamme chromatique. Deux notes chromatiques sont séparées par un demi-ton.

THEORIE

174. ÉTUDE EN DEMI-TONS CD 4/6

HISTOIRE — Les œuvres du compositeur français **Camille Saint-Saëns** (1835-1921) s'étendent à tous les genres musicaux, de l'opéra à la musique sacrée, de la symphonie à la musique de chambre. La *Danse Égyptienne* est un des principaux thèmes du célèbre opéra *Samson et Dalila*, écrit en 1877. Parmi ses œuvres les plus célèbres, on citera la grande fantaisie zoologique, *Le Carnaval des animaux*.

175. DANSE ÉGYPTIENNE
Faites attention aux notes enharmoniques. — CD 4 / 7 — Camille Saint-Saëns

176. BARQUE SOUS UNE LUNE D'ARGENT
CD 4 / 8 — Chanson traditionnelle chinoise

HISTOIRE — Incompris de ses contemporains, le compositeur allemand **Ludwig van Beethoven** (1770-1827) est aujourd'hui l'un des compositeurs les plus universellement admirés. Sa surdité et son tempérament bouillonnant font de sa vie une légende.
Ses neuf symphonies et ses concertos pour piano sont les œuvres les plus connues. Sa *9ᵉ Symphonie* est interprétée lors de diverses célébrations festives telles que la cérémonie marquant la réunification de l'Allemagne, en octobre 1990.
Voici le thème du 2ᵉ mouvement de sa *7ᵉ Symphonie*.

177. THÈME (7ᵉ SYMPHONIE) – Duo
CD 4 / 9 — Ludwig van Beethoven

HISTOIRE

Le compositeur russe **Piotr Ilitch Tchaïkovski** (1840-1893) a révolutionné l'histoire de la musique en donnant au ballet ses lettres de noblesse. Il triomphe avec *Le Lac des Cygnes, La Belle au Bois Dormant* et *Casse-Noisette*. Tchaïkovski est également l'auteur de six symphonies, de l'*Ouverture 1812* et du *Capriccio italien*, tous deux été écrits en 1880.

PIÈCES DE CONCERT

184. THÈME (EXTRAIT DE L'*OUVERTURE 1812*) – Arrangement pour orchestre

Piotr Ilitch Tchaïkovski
Arr. John Higgins

PIÈCES DE CONCERT

Solo avec accompagnement au piano

Pour un musicien, jouer en public est une expérience particulièrement stimulante. Ce solo est extrait de la *Symphonie n° 1* du compositeur allemand **Johannes Brahms** (1833-1897). Cette symphonie fut achevée en 1876. Connais-tu d'autres œuvres célèbres de Brahms ?

185. THÈME - SYMPHONIE N° 1 – Solo *(Accompagnement au piano en Si♭ Majeur)*

Johannes Brahms
Arr. John Higgins

DUOS

Voici pour vous l'occasion de jouer en duo avec un ami. L'autre musicien n'est pas obligé de jouer du même instrument que vous. Essayez de vous accorder parfaitement en termes de rythme, de justesse et de sonorité. Au bout d'un moment, vous arriverez peut-être à donner l'impression que les deux parties sont jouées par une seule personne !
Ensuite, essayez d'inverser les rôles.

186. SWING LOW, SWEET CHARIOT – duo CD 4 / 22

Spiritual afro-américain

187. LA BAMBA – duo CD 4 / 23

Chanson traditionnelle mexicaine

ÉTUDE DES GAMMES DE RUBANK®

ÉTUDE DES GAMMES DE RUBANK®

TONALITÉ DE DO MAJEUR

TONALITÉ DE MI♭ MAJEUR — *Dans cette tonalité, les Si, les Mi et les La sont bémolisés.*

ÉTUDES DE RYTHME

CD 4 / 40 (tempo lent)
CD 4 / 41 (tempo rapide)

ÉTUDES DE RYTHME

COMPOSITION MUSICALE

THEORIE

Composition — Dans le domaine musical, la **composition** est l'art d'écrire une œuvre imaginée par soi-même. Le processus commence souvent par la création d'une mélodie composée de **phrases** individuelles, comme on le ferait pour un texte. Certaines mélodies comportent des phrases qui semblent répondre à d'autres phrases ressemblant à des questions, comme dans l'*Hymne à la joie* de Beethoven. Jouez cette mélodie et écoutez comme les phrases 2 et 4 répondent de façon légèrement différente à la même « question » (phrases 1 et 3).

1. HYMNE À LA JOIE
Ludwig van Beethoven

2. QUESTIONS ET RÉPONSES
Écrivez vos propres « réponses » aux phrases 1 et 3 de cette mélodie.

3. CRÉATION DE PHRASES
Écrivez 4 phrases différentes selon le rythme indiqué au-dessus de chaque portée.

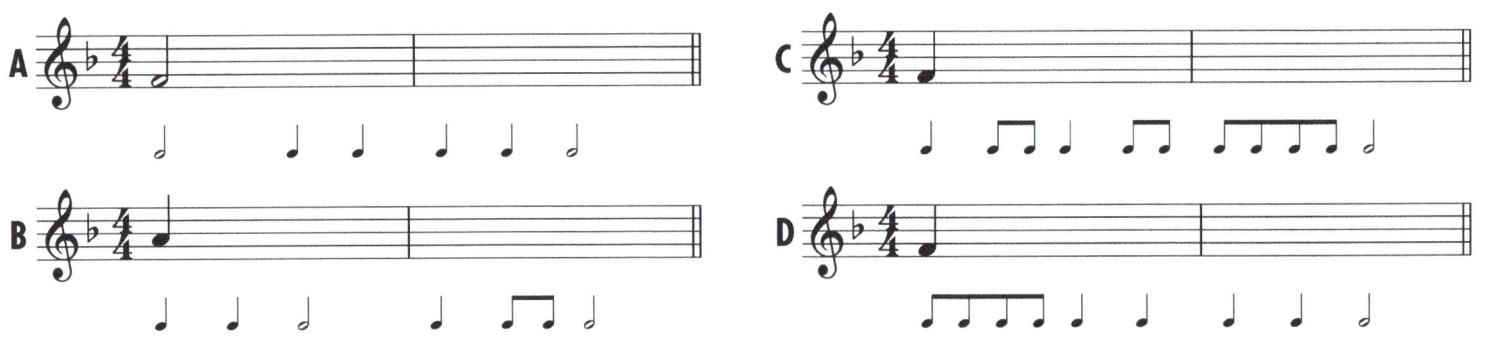

4. PREMIÈRE COMPOSITION : _____
Prenez l'une des phrases (A, B, C ou D) ci-contre et reproduisez-la dans les parties « Question » ci-dessous. Ensuite, écrivez 2 réponses différentes (phrases 2 et 4).

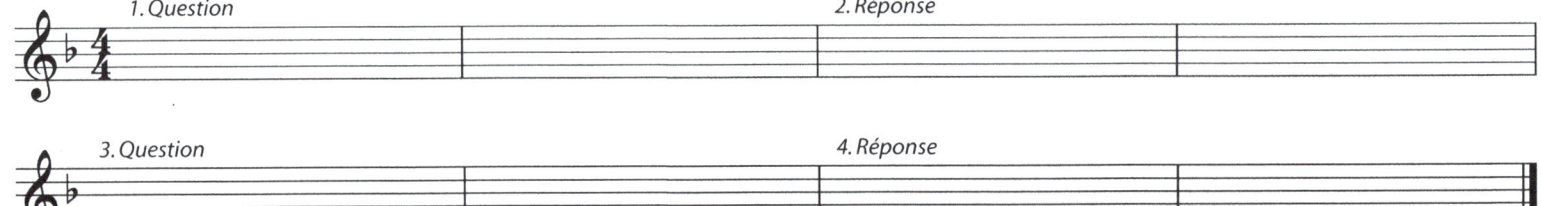

THEORIE

Improvisation — L'**improvisation** est une manière d'inventer librement et de jouer simultanément de la musique. Servez-vous des notes données pour jouer votre propre mélodie (ligne A) en harmonie avec l'accompagnement (ligne B).

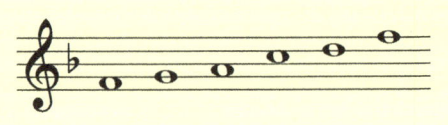

5. MÉLODIE INSTANTANÉE

Cette page vous permet de noter vos progrès par rapport à ce livre. Coloriez les étoiles selon les directives de votre professeur.

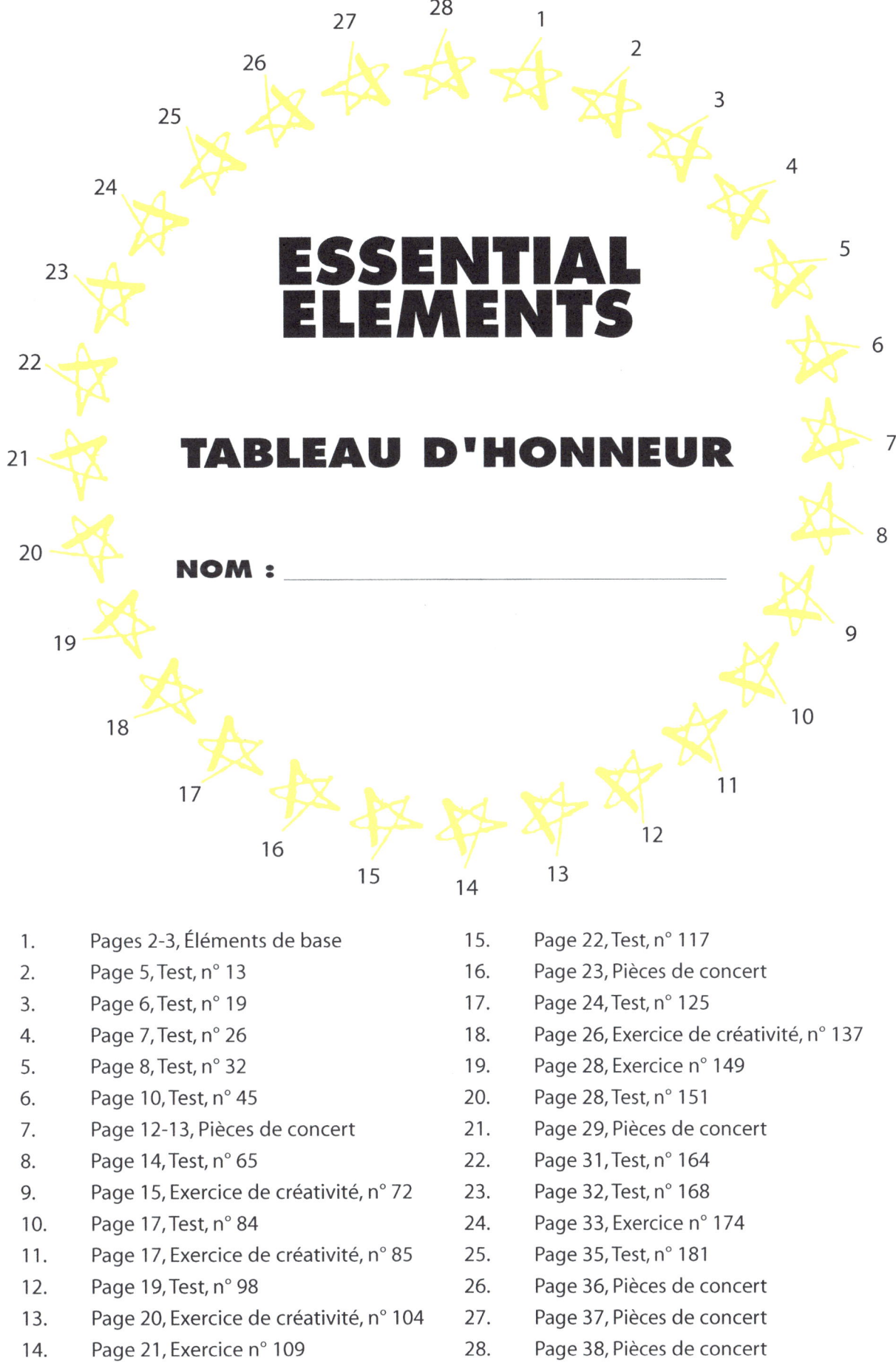

ESSENTIAL ELEMENTS
TABLEAU D'HONNEUR

NOM : _____

1. Pages 2-3, Éléments de base
2. Page 5, Test, n° 13
3. Page 6, Test, n° 19
4. Page 7, Test, n° 26
5. Page 8, Test, n° 32
6. Page 10, Test, n° 45
7. Page 12-13, Pièces de concert
8. Page 14, Test, n° 65
9. Page 15, Exercice de créativité, n° 72
10. Page 17, Test, n° 84
11. Page 17, Exercice de créativité, n° 85
12. Page 19, Test, n° 98
13. Page 20, Exercice de créativité, n° 104
14. Page 21, Exercice n° 109
15. Page 22, Test, n° 117
16. Page 23, Pièces de concert
17. Page 24, Test, n° 125
18. Page 26, Exercice de créativité, n° 137
19. Page 28, Exercice n° 149
20. Page 28, Test, n° 151
21. Page 29, Pièces de concert
22. Page 31, Test, n° 164
23. Page 32, Test, n° 168
24. Page 33, Exercice n° 174
25. Page 35, Test, n° 181
26. Page 36, Pièces de concert
27. Page 37, Pièces de concert
28. Page 38, Pièces de concert

LA MUSIQUE – UN ÉLÉMENT ESSENTIEL DE LA VIE

TABLEAU DE DOIGTÉ

COR EN FA

Entretien de l'instrument - Rappel

Lorsque vous avez fini de jouer, avant de ranger l'instrument dans son étui :

- Retirez l'embouchure. Une fois par semaine, lavez-la à l'eau tiède. Séchez-la bien.
- Ouvrez la clé d'eau pour évacuer la condensation à l'intérieur de l'instrument. Soufflez dans celui-ci. Si votre cor n'est pas pourvu d'une clé d'eau, inversez-le et secouez-le. Vous pouvez enlever la coulisse d'accord principale avant d'inverser l'instrument.
- Essuyez l'instrument avec un chiffon doux et propre. Rangez-le dans son étui.

Les pistons et les coulisses doivent être lubrifiés régulièrement, les premiers avec de l'huile à pistons, les secondes avec de la graisse à coulisses. Au besoin, votre professeur vous montrera comment faire.

ATTENTION : Si une coulisse ou l'embouchure sont coincées, demandez l'aide de votre professeur ou faites appel à un spécialiste. N'employez aucun outil. Vous risquez d'endommager l'instrument.

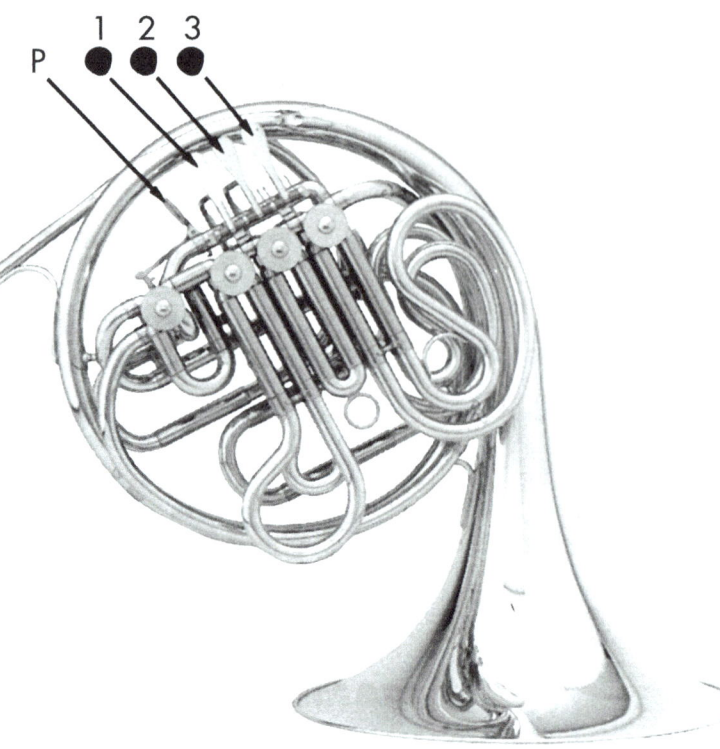

○ = Piston en position haute
● = Piston abaissé
P = Palette de pouce

Photo reproduite avec l'aimable autorisation de Yamaha Musique France.

Choisir le bon doigté :

Cor simple en Fa :
- Employez le doigté supérieur.

Cor double (Fa/Si♭) :
- Employez le doigté inférieur lorsqu'il est indiqué (doigté en Si♭ avec palette de pouce), car il facilite l'émission de notes aiguës et de notes extrêmes (dans le grave).

Cor simple en Si♭ :
- Employez le doigté inférieur. Seul le cor double possède une palette de pouce (P).

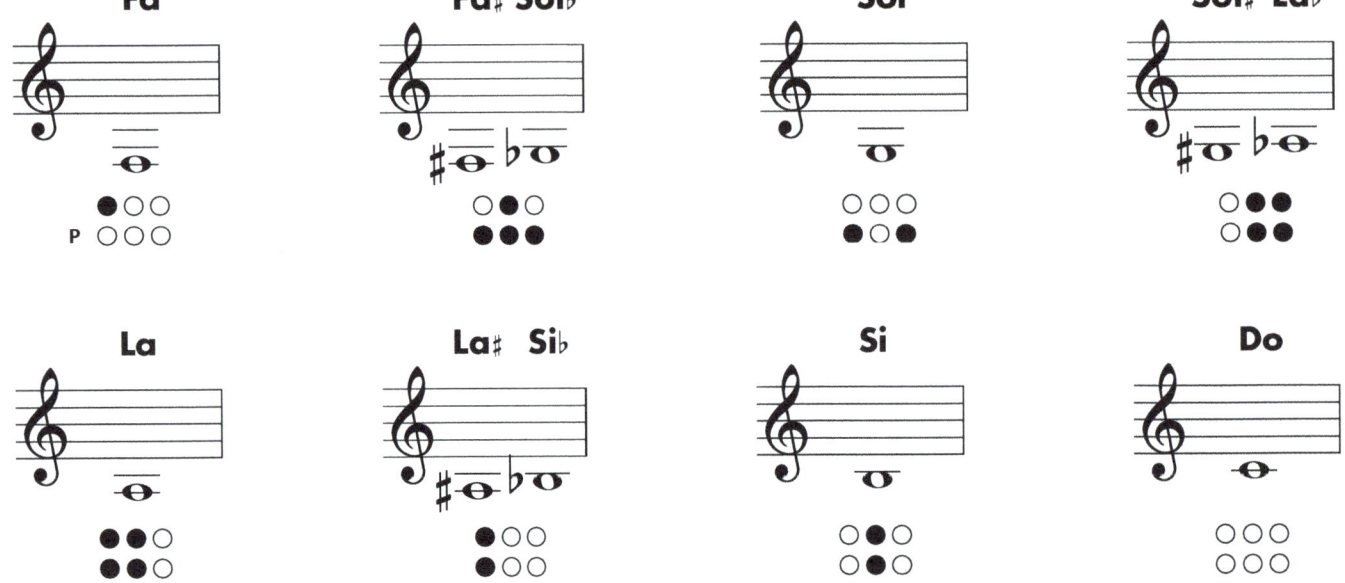

TABLEAU DE DOIGTÉ

COR EN FA

Do# Réb	Ré	Ré# Mib	Mi
			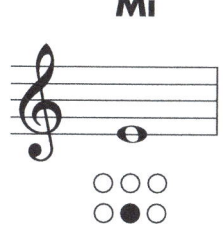
Fa	Fa# Solb	Sol	Sol# Lab
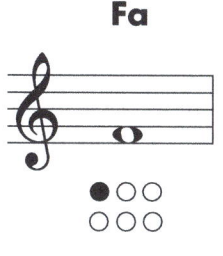		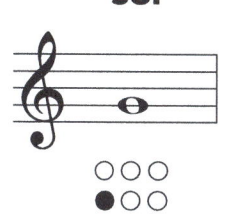	
La	La# Sib	Si	Do
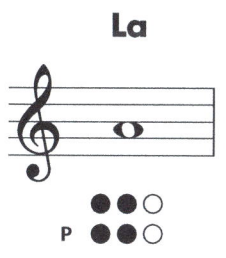		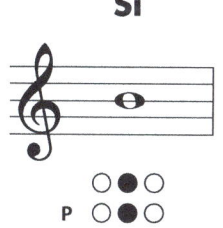	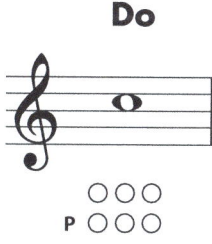
Do# Réb	Ré	Ré# Mib	Mi
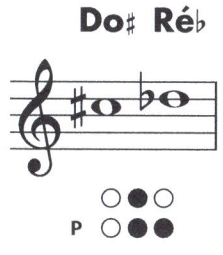	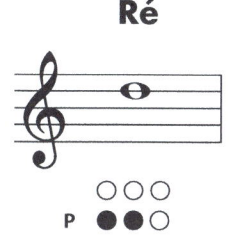		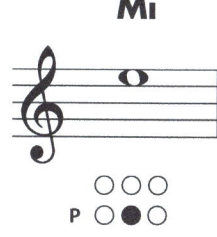
Fa	Fa# Solb	Sol	Sol# Lab
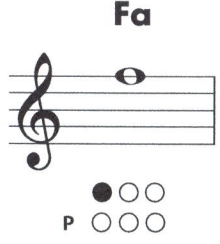		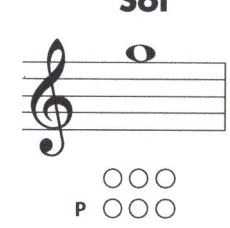	
La	La# Sib	Si	Do
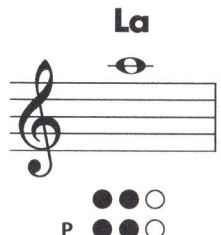		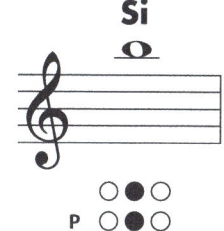	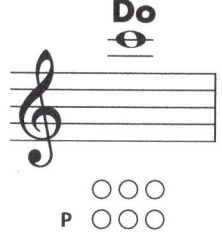

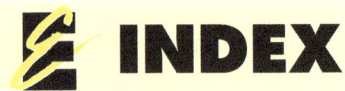
INDEX

Définitions (page)

Accent 15
Accord 28
Accord brisé 28
Allegro 11
Altérations 16
Anacrouse 9
Andante 11
Armature 7
Arpège 28
Barres de mesure 3
Barres de reprise 5, 26
Battement 4
Bécarre 5
Bémol 5
Blanche 6
Blanche pointée 14
Blues 21
Canon 12
Chiffre indicateur de mesure 5
Clé de Sol 5
Crescendo 11
Croche 10
D. C. al Fine 18
Decrescendo 11
Demi-ton 33
Dièse 5
Diminuendo 11
Double barre 5
Duo 7
Embouchement 2
Forte (f) 9
Gamme 28
Gamme chromatique 33
Harmonie 8
Intervalle 24
Largo 23
Liaison d'expression 19
Liaison de prolongation 14
Lignes supplémentaires 3
Mesure 3
Mesure à 4/4 26
Mesures de 1re et 2e fois 16
Mezzo forte (mf) 9
Moderato 11
Noire 4
Noire pointée 22
Notes 4
Notes chromatiques 33
Notes enharmoniques 33
Nuances 9
Phrase 20
Piano 9
Point d'orgue 8
Portée 3
Ragtime 19
Ronde 7

Signe de respiration 6
Silences 4, 6, 7, 20, 31
Soli 29
Solo 38
Tempo 11
Temps 4
Thème et variations 18
Trio 25

Compositeurs

JEAN-SÉBASTIEN BACH
- Choral : *Jésus que ma joie demeure* 18
- Choral 30
- Menuet 20
- Menuet 31

LUDWIG VAN BEETHOVEN
- Hymne à la joie (extrait de la 9e Symphonie) 13, 44
- Thème (7e Symphonie) 34

JOHANNES BRAHMS
- Thème - Symphonie n°1 38

ANTONIN DVOŘÁK
- Largo – *Symphonie du « Nouveau Monde »* 23

STEPHEN COLLINS FOSTER
- Camptown Races 14
- Oh! Susanna 10

EDVARD GRIEG
- Au Matin (extrait de *Peer Gynt*) 15

JOSEPH HAYDN
- Thème – Symphonie n° 94, « La Surprise » 28

FRANZ LEHÁR
- Valse (extraite de *La Veuve Joyeuse*) 17

WOLFGANG AMADEUS MOZART
- Mélodie de Mozart 8

JACQUES OFFENBACH
- Barcarolle 15

GIOACCHINO ROSSINI
- Thème de Guillaume Tell 10

CAMILLE SAINT-SAËNS
- Danse égyptienne 34

FRANZ SCHUBERT
- Marche Militaire 21

JEAN SIBELIUS
- Finlandia 26

JOHN PHILIP SOUSA
- El Capitan 32
- High School Cadets 11

PIOTR ILITCH TCHAÏKOVSKI
- Capriccio italien 35
- Marche slave 33
- Thème (extraite de *l'Ouverture 1812*) 37

Musiques du monde

AFRIQUE
- Kumbaya 25

ALLEMAGNE
- Du, du liegst mir im Herzen 27

AMÉRIQUE
- American Patrol 35
- America the Beautiful 36
- Aura Lee 12
- Ezekiel Saw the Wheel 19
- Go Tell Aunt Rhodie 6
- Michael Row the Boat Ashore 26
- On Top Of Old Smokey 21
- Skip To My Lou 10
- Swing Low, Sweet Chariot 39
- The Streets of Laredo 28
- Wayfaring Stranger 35
- When the Saints Go Marching In 13, 27

ANGLETERRE
- London Bridge 8
- Scarborough Fair 22
- Chanson de marins 22

AUSTRALIE
- Botany Bay 26

AUTRICHE
- Valse autrichienne 26

CANADA
- Ô Canada 32

CARAÏBES
- Banana boat song 18

CHINE
- Barque sous une lune d'argent 34

ÉCOSSE
- Ce n'est qu'un au revoir 22

FRANCE
- Alouette 14
- Au clair de la lune 8
- Frère Jacques 12

ISRAËL
- Hatikvah 30

ITALIE
- Carnaval de Venise 29

JAPON
- Sakura, Sakura 16

MEXIQUE
- Las Chiapanecas 15
- La Bamba 39
- La Cucaracha 36

AVENT / NOËL
- Vive le vent 9
- Bon vieux Saint Nicolas 17
- Mein Dreydl 9
- Perchés sur un toit 17